Heinrich

Wo

lfflin

Prolegomena zu einer Psychologie der Architektur

Heinrich
Wo
..
lfflin

Prolegomena zu einer Psychologie der Architektur

ISBN/EAN: 9783742870247

Hergestellt in Europa, USA, Kanada, Australien, Japan

Cover: Foto ©Thomas Meinert / pixelio.de

Manufactured and distributed by brebook publishing software
(www.brebook.com)

Heinrich

Wo

lfflin

Prolegomena zu einer Psychologie der Architektur

Prolegomena

zu einer

Psychologie der Architektur.

INAUGURAL-DISSERTATION

der

hohen philosophischen Fakultät
der Universität München

zur Erlangung

der höchsten akademischen Würden

vorgelegt von

Heinrich Wölfflin.

München, 1886.

Kgl. Hof- & Universitäts-Buchdruckerei von Dr. C. Wolf & Sohn.

Inhalts-Verzeichniss.

Den Gegenstand der vorliegenden Betrachtungen bildet die Frage, die mir immer als eine überaus merkwürdige erschien: Wie ist es möglich, dass architektonische Formen Ausdruck eines Seelischen, einer Stimmung sein können?

Ueber die Thatsache darf kein Zweifel sein. Nicht nur bestätigt das Urteil des Laien aufs entschiedenste, dass jedes Gebäude einen bestimmten Eindruck mache, vom Ernsten, Düstern bis zum Fröhlich-Freundlichen — eine ganze Skala von Stimmungen, sondern auch der Kunsthistoriker trägt kein Bedenken aus ihrer Architektur Zeiten und Völker zu charakterisiren. Die Ausdrucksfähigkeit wird also zugegeben. Aber wie? Nach welchen Prinzipien urteilt der Historiker?

Ich wunderte mich, dass die wissenschaftliche Litteratur für solche Fragen fast gar keine Antwort hatte. Soviel Sorgfalt und hingebende Liebe dem analogen Problem in der Musik zugewandt worden ist, die Architektur hat weder von der Psychologie noch von der Kunsttheorie eine ähnliche Pflege je genossen. Ich führe das nicht an, um nun selbst mit dem Anspruch aufzutreten, die Lücke zu füllen, vielmehr möchte ich daraus eine Entschuldigung für mich ableiten.

Mehr als einen E n t w u r f darf man nicht erwarten. Was ich hier gebe, sollen lediglich Prolegomena sein zu einer Psychologie der Architektur, die erst noch geschrieben werden muss. Für die oft bloss andeutende Behandlung des Themas bin ich also genötigt, die Gunst dieses Titels in Anspruch zu nehmen.

I. Psychologische Grundlage.

Die Psychologie der Architektur hat die Aufgabe, die seelischen Wirkungen, welche die Baukunst mit ihren Mitteln hervorzurufen im Stande ist, zu beschreiben und zu erklären.

Wir bezeichnen die Wirkung, die wir empfangen, als *Eindruck.*

Und diesen Eindruck fassen wir als *Ausdruck* des Objekts.

Also dürfen wir das Problem auch so formuliren:

Wie können tektonische Formen Ausdruck sein?

(Unter „tekton. Formen" müssen auch die kleinen Künste der Dekoration und des Kunsthandwerks begriffen werden, da sie unter denselben Bedingungen des Ausdrucks stehen.)

Von zwei Seiten kann man versuchen, eine Antwort auf die Frage zu gewinnen: vom Subjekt aus und vom Objekt aus.

Es ist beides geschehen.

Ich erwähne zuerst die vielverbreitete These, die den Gefühlston von Formen erklärt aus den *Muskelgefühlen des Auges*, das mit dem Punkte des deutlichsten Sehens den Linien nachfolgt. Wellenlinie und Zickzack unterscheiden sich für unser Gefühl sehr wesentlich.

Worin liegt der Unterschied?

Im einen Fall, sagt man, ist die Bewegung für das nachzeichnende Auge leichter als im anderen. — „Wo das Auge sich frei bewegt, da verfolgt es seinem physiologischen Organismus gemäss in vertikaler und horizontaler Richtung genau die gerade Linie, jede schräge Richtung aber legt es in einer Bogenlinie zurück." (Wundt, Vorlesungen II. 80.)

Daher das Behagen an der Wellenlinie, die Unlust am Zickzack. Schönheit der Form ist identisch mit Angemessenheit für unser Auge. — Es ist die gleiche Anschauung, wenn man behauptet: der Zweck eines Säulenkapitells sei, das Auge von der Vertikale sachte zur Horizontale überzuführen, oder wenn man die Schönheit einer Berglinie darin erblickt, dass das Auge, ohne zu stolpern, sanft an ihr niedergleiten könne.

Wenn mans so hört, möchts leidlich scheinen. Allein es fehlt der Theorie die Hauptsache: die Bestätigung durch die Erfahrung. Man frage sich doch selbst: Wie viel von dem thatsächlichen Eindruck einer Form kann aus Muskelgefühlen erklärt werden? Darf die grössere oder geringere Leichtigkeit, mit der die Bewegung des Auges ausgeführt wird, als das Wesentliche in der Mannigfaltigkeit der Wirkungen gelten? — Die oberflächlichste psychologische Analyse muss zeigen, wie wenig dadurch das Thatsächliche getroffen ist. Ja, man kann diesem Moment nicht einmal eine sekundäre Stellung einräumen. Schon Lotze bemerkt sehr richtig, indem er auf das gleichmässige Gefallen einer Wellenlinie und eines rechtwinkligen Mäanders hinweist, dass wir in unserm ästhetischen Urteil die körperliche Mühe stets abziehen, dass also die Wohlgefälligkeit nicht auf der Bequemlichkeit der Verrichtungen beruht, durch welche wir uns die Wahrnehmung verschaffen. (Gesch. der Aesthetik in Deutschland S. 310 f.)

Der Fehler, der hier offenbar vorliegt, scheint daher zu rühren, dass man, weil das Auge die körperlichen Formen wahrnimmt, die optischen Eigenschaften derselben für das Charakteristische hielt. Das Auge scheint aber nur auf die Intensität des Lichts entschieden mit Lust oder Unlust zu reagiren, für Formen indifferent zu sein, den Ausdruck wenigstens durchaus nicht zu bestimmen.

Wir müssen uns also nach einem anderen Prinzip umsehen. Die Vergleichung mit der Musik soll es uns zeigen. Dort haben wir ja das gleiche Verhältnis. Das Ohr ist das perzipirende Organ, aus der Analyse der Gehörsvorgänge aber könnte der Stimmungsgehalt der Töne niemals begriffen werden. Um die Theorie des musikalischen Ausdrucks zu verstehen, ist es nötig, die eigene Hervorbringung der Töne, die Bedeutung und Verwendung unserer Stimmittel zu beobachten.

Hätten wir nicht die Fähigkeit, selbst in Tönen Gemütsbewegungen auszudrücken, wir könnten nie und nimmer die Bedeutung fremder Töne verstehen. Man versteht nur, was man selbst kann.

So müssen wir auch hier sagen: Körperliche Formen können charakteristisch sein nur dadurch, dass wir selbst einen Körper besitzen. Wären wir bloss optisch auffassende Wesen, so müsste uns eine ästhetische Beurteilung der Körperwelt stets versagt bleiben. Als Menschen aber mit einem Leibe, der uns kennen lehrt, was Schwere, Contraktion, Kraft u. s. w. ist, sammeln wir an uns die Erfahrungen, die uns erst die Zustände fremder Gestalten mitzuempfinden befähigen. — Warum wundert sich Niemand, dass der Stein zur Erde fällt, warum scheint uns das so ganz natürlich? Wir haben nicht die Spur eines Vernunftgrundes für den Vorgang, in unserer Selbsterfahrung liegt allein die Erklärung. Wir haben Lasten getragen und erfahren, was Druck und Gegendruck ist, wir sind am Boden zusammengesunken, wenn wir der niederziehenden Schwere des eigenen Körpers keine Kraft mehr entgegensetzen konnten, und darum wissen wir das stolze Glück einer Säule zu schätzen und begreifen den Drang alles Stoffes, am Boden formlos sich auszubreiten.

Man kann sagen, das habe keine Beziehung auf die Auffassung linearer und planimetrischer Verhältnisse. Allein diesem Einwurf liegt nur mangelhafte Beobachtung zu Grunde. Sobald man Acht hat, wird man finden, dass wir auch solchen Verhältnissen eine mechanische Bedeutung unterschieben, dass es keine schräge Linie giebt, die wir nicht als ansteigend, kein schiefes Dreieck, das wir nicht als Verletzung des Gleichgewichts empfänden. Dass nun

aber gar architektonische Gebilde nicht bloss geometrisch, sondern als Massenformen wirken, sollte eigentlich kaum gesagt zu werden brauchen. Dennoch macht eine extrem formalistische Aesthetik immer wieder jene Voraussetzung.

Wir gehen weiter. Die Töne der Musik hätten keinen Sinn, wenn wir sie nicht als Ausdruck irgend eines fühlenden Wesens betrachteten. Dieses Verhältnis, das bei der ursprünglichen Musik, dem Gesang, ein natürliches war, ist durch die Instrumentalmusik verdunkelt, aber durchaus nicht aufgehoben worden. Wir legen den gehörten Tönen immer ein Subjekt unter, dessen Ausdruck sie sind.

Und so in der Körperwelt. Die Formen werden uns bedeutend dadurch allein, dass wir in ihnen den Ausdruck einer fühlenden Seele erkennen. Unwillkürlich beseelen wir jedes Ding. Das ist ein uralter Trieb des Menschen. Er bedingt die mythologische Phantasie und noch heute — gehört nicht eine lange Erziehung dazu des Eindrucks los zu werden, dass eine Figur, deren Gleichgewichtszustand verletzt ist, sich nicht wohl befinden könne? Ja, erstirbt dieser Trieb jemals? Ich glaube nicht. Es wäre der Tod der Kunst. —

Das Bild unserer selbst schieben wir allen Erscheinungen unter. Was wir als die Bedingungen unseres Wohlbefindens kennen, soll jedes Ding auch besitzen. Nicht so, dass wir den Schein eines menschlichen Wesens in den Formen der anorganischen Natur verlangten, aber wir fassen die Körperwelt mit den Kategorien auf (wenn ich so sagen darf), die wir mit derselben gemeinsam haben. Und danach bestimmt sich auch die Ausdrucksfähigkeit dieser fremdartigen Gestalten. Sie können uns nur das mitteilen, was wir selbst mit ihren Eigenschaften ausdrücken.

Hier wird mancher bedenklich werden und nicht recht wissen, was wir denn für Aehnlichkeiten oder gar welche Ausdrucksorgane wir mit dem toten Stein teilen. Ich will es kurz sagen: es sind die Verhältnisse der Schwere, des Gleichgewichts, der Härte u. s. w., lauter Verhältnisse, die für uns einen Ausdruckswert besitzen. Der ganze menschliche Gehalt natürlich kann nur durch die menschliche Gestalt ausgedrückt werden, die Architektur wird nicht einzelne Affekte, die sich in bestimmten Organen äussern, zum Ausdruck bringen können. Sie soll es auch nicht versuchen. Ihr Gegenstand bleiben die grossen Daseinsgefühle, die Stimmungen, die einen gleichmässig andauernden Zustand des Körpers voraussetzen. —

Ich könnte hier schon diesen Abschnitt schliessen und höchstens noch darauf hinweisen, wie sich auch in der Sprache an einer Fülle von Beispielen jene unüberwindliche Neigung unserer Phantasie bekundet, alles Körperliche unter der Form belebter Wesen aufzufassen. Man erinnere sich an die architektonische Terminologie. Wo immer ein abgeschlossenes Ganzes sich darstellt, geben wir ihm Kopf und Fuss, suchen nach Vorder- und Hinterseite etc.

Allein es bleibt noch die Frage, wie nun die Beseelung dieser fremden Gestalten zu denken sei. Es ist wenig Aussicht auf eine erfreuliche Lösung. Aber ich will nicht darüber hinweggehen, weil von anderer Seite auch schon dies Ziel ins Auge gefasst worden ist.

Das anthropomorphe Auffassen der räumlichen Gebilde ist nichts Unerhörtes. In der neueren Aesthetik ist dieser Akt bekannt unter dem Namen des Symbolisirens.

Joh. Volkelt[1]) hat die Geschichte des Symbolbegriffs geschrieben und sich wesentliche Verdienste um die genauere Fassung dessen erworben, was zuerst von Herder[2]) und Lotze[3]) angedeutet worden ist.

Nach Volkelt vollzieht sich die Symbolisirung räumlicher Gebilde folgendermassen (Symbolbegr. 51—70.):

1) Das räumliche Gebilde wird auf Bewegung und auf Wirkung von Kräften gedeutet, ein Akt, der noch

---

[1]) Volkelt, Symbolbegriff in der neueren Ästhetik. Jena 1876.

[2]) Ausser der „Kalligone" enthält der Aufsatz „Plastik" bedeutsame Äusserungen.

[3]) Lotze, Geschichte der Ästhetik in Deutschland a. v. O.

—, Microcomos II[3] 198 ff.

nicht eigentlich symbolisch zu nennen ist: mit dem Auge dem Umriss der Erscheinungen nachfolgend, bringen wir die Linien in ein lebendiges Rinnen und Laufen.

2) Um das räumliche Gebilde ästhetisch zu verstehen, müssen wir diese Bewegung sinnlich miterleben, mit unserer körperlichen Organisation mitmachen.

3) Mit der bestimmten Erstreckung und Bewegung unseres Körpers ist ein Wohl- und Wehegefühl verbunden, das wir als eigentümlichen Genuss jener Naturgestalten selber auffassen.

4) Um ästhetisch zu heissen, muss aber dieses Wohl- und Wehegefühl eine geistige Bedeutung haben, Körperbewegung und physisches Gefühl müssen Ausdruck einer Stimmung sein.

5) Die Thatsache, dass wir im ästhetischen Geniessen unsere ganze Persönlichkeit beteiligt finden, beweist, dass in jedem Genuss etwas von dem allgemein menschlichen Gehalte, von den Ideen, die das Menschliche konstituiren enthalten sein muss.

So weit die Analyse Volkelts.

Im wesentlichen bin ich vollständig einverstanden Die Bedenken, die etwa gegen den 1. Punkt und gegen die Trennung des 3. und 4. geäussert werden könnten, sollen hier unterdrückt werden. Ich möchte die ganze Aufmerksamkeit richten auf den Kern der Sache, auf den zweiten Satz: das Miterleben der fremden Form. Wie ist das zu denken: „Wir durchdringen mit unserm Körpergefühl das Objekt"? Volkelt hält sich hier absichtlich mit seinen Ausdrücken in einer Sphäre der Dunkelheit und findet später (mit Fr. Vischer) die einzige Lösung in einer pantheistischen Auffassung der Welt. Er will dem geheimnisvollen Prozess nicht zu nahe treten: „Mit meinem Vitalgefühl lege ich mich dunkel in das Objekt hinein" sagt er (pg. 61), anderswo spricht er von einer „Selbstversetzung" u. s. f. Zugegeben, dass man den ganzen Verlauf dieses psychischen Aktes nicht bloslegen kann, so möchte ich doch fragen: Ist dies Miterleben ein sinnliches oder vollzieht es sich bloss in der Vorstellung? Mit andern Worten: Erleben wir die fremden Körperformen an unsrem eignen Leibe?

Oder: ist das Mitfühlen der fremden Zustände etwas, was allein der Thätigkeit der Phantasie angehört?

Volkelt bleibt hier schwankend. Bald sagt er: Wir müssen das Objekt, mit unsrer körperlichen Organisation sinnlich miterleben (pg. 57), bald aber wieder ist es die blosse Phantasie, die die Bewegung ausführt (pg. 61. 62.)

Lotze und Rob. Vischer[1]), die zuerst die Bedeutung des körperlichen Miterlebens geltend gemacht haben, dachten offenbar nur an Prozesse, die sich in der Phantasie vollziehen. In diesem Sinn heisst es bei Rob. Vischer: „Wir besitzen das wunderbare Vermögen unsre eigne Körperform einer objektiven Form zu unterschieben und einzuverleiben." Bei Lotze ebenso: „Keine Gestalt ist so spröde, in die hinein unsre Phantasie sich nicht mitlebend zu versetzen wüsste."

Wenn ich also recht verstehe, ist Volkelt hier über seine Vorgänger hinausgeschritten, ohne aber das Problem genauer ins Auge zu fassen.

Ueber die Berechtigung der Frage darf kein Zweifel sein. Denn die körperlichen Affektionen, die wir bei der Betrachtung architektonischer Werke empfangen, sind nicht zu läugnen. Ich könnte mir also wohl denken, dass jemand mit der Behauptung aufträte, der Stimmungseindruck der Architektur beruhe allein darin, dass wir unwillkürlich mit unsrer Organisation die fremden Formen nachzubilden versuchen, mit andren Worten, dass wir die Daseinsgefühle architektonischer Bildungen nach der körperlichen Verfassung beurteilen, in die wir geraten. Kräftige Säulen bewirken in uns energische Innervationen, nach der Weite oder Enge der räumlichen Verhältnisse richtet sich die Respiration, wir innerviren als ob wir diese tragenden Säulen wären und atmen so tief und voll,

[1]) Rob. Vischer, Das optische Formengefühl. Leipzig, 1872.

als wäre unsre Brust so weit wie diese Hallen, Asymmetrie macht sich oft als körperlicher Schmerz geltend, uns ist, als ob uns ein Glied fehlte oder verletzt sei, ebenso kennt man den unleidlichen Zustand, den der Anblick gestörten Gleichgewichts hervorruft u. s. w. Es wird jeder in seiner Erfahrung ähnliche Fälle finden. Und wenn Goethe gelegentlich sagt, die Wirkung eines schönen Raumes müsste man haben, wenn man auch mit verbundenen Augen hindurchgeführt würde, so ist das nichts andres als der Ausdruck desselben Gedankens: dass der architektonische Eindruck, weit entfernt etwa ein „Zählen des Auges" zu sein, wesentlich in einem unmittelbaren körperlichen Gefühl beruhe.

Statt einer unbegreiflichen „Selbstversetzung" hätten wir uns dann etwa vorzustellen, der optische Nervenreiz löse direkt eine Erregung der motorischen Nerven ein, die die Kontraktion von bestimmten Muskeln veranlasse. Man könnte als verdeutlichendes Gleichnis die Thatsache anführen, dass ein Ton den verwandten überall mitklingen macht.

Was könnte der Verteidiger einer solchen Ansicht etwa sagen?

Er würde wohl anknüpfen an menschliche Uebertragung des Ausdrucks, an die neuerdings lebhaft vertretene Theorie, dass das Verständnis menschlichen Ausdruckes sich vermittle durch Nacherleben.

Es liessen sich dabei folgende Sätze formulieren:

1) Jede Stimmung hat ihren bestimmten Ausdruck, der sie regelmässig begleitet; denn Ausdruck ist nicht nur eine Fahne gleichsam, ausgehängt, um zu zeigen, was innen vorgehe, nicht etwas, was ebensogut fehlen könnte, Ausdruck ist vielmehr die körperliche Erscheinung des geistigen Vorgangs. Er besteht nicht bloss in den Spannungen der Gesichtsmuskeln oder den Bewegungen der Extremitäten, sondern erstrekt sich auf den gesamten Organismus.

2) Sobald man den Ausdruck eines Affekts nachbildet, wird sich demnach der Affekt selbst sofort auch einstellen.

Unterdrückung des Ausdrucks ist Unterdrückung des Affekts. Umgekehrt wächst dieser je mehr man im Ausdruck ihm nachgiebt. Der Furchtsame wird furchtsamer, wenn er auch in den Geberden seine Unruhe zeigt.

3) Ein unwillkürliches Nachbilden des Ausdrucks fremder Personen und somit eine Uebertragung von Gemütsbewegungen kann oft beobachtet werden. Man weiss, wie Kinder jedem starken Eindruck haltlos preisgegeben sind, sie können z. B. niemanden weinen sehen, ohne selbst die Thränen laufen zu lassen u. s. f. Nur in Zuständen des energisch betonten Selbstgefühls sind sie hiefür unzugänglich, weil dies Nacherleben einen gewissen Grad von Willenlosigkeit voraussetzt. Später bewirkt überdies Erziehung und vernünftiges Ueberlegen, dass man sich nicht jedem Eindruck „hingibt". In gewissen Momenten aber „vergisst man sich" dennoch und macht Bewegungen, die nur Sinn hätten, wenn wir die fremde Person wären.

Solche Fälle von Selbstversetzung sind z. B. folgende:

Es versucht jemand mit heiserer Stimme zu sprechen. Wir räuspern uns. — Warum? Wir glauben in diesem Augenblicke selbst heiser zu sein und wollen nun uns davon befreien (oder wenigstens der Klarheit unsrer Stimme uns versichern).

Weiter geschieht es bei einer schmerzlichen Operation oft, dass wir die Züge des Leidenden genau nachbilden, ja sogar an der betroffenen Stelle selbst einen lebhaften Schmerz empfinden.

Das sind nun aussergewöhnliche Fälle und man darf nicht läugnen, dass sich im flüchtigen Alltagsleben das körperliche Miterleben fast spurlos verloren hat und wir die Ausdrucksformen unsrer Nebenmenschen hinnehmen wie Rechenpfennige, deren Wert wir aus Erfahrung kennen. Immerhin bleibt ein Reiz, wenn auch der eingedrückte Ausdruck — wenn ich so sagen darf — nicht bis zur

Oberfläche dringt (also in Gesicht und Haltung sich geltend macht.) Denn die innern Organe vor allem werden sympathisch berührt und nach meinen Beobachtungen ist es die Respirationsbewegung, die am empfänglichsten ist für Veränderungen. Der Rhythmus des Atmens, den wir bei andren wahrnehmen, überträgt sich am leichtesten auf uns. Einem Erstickenden zuzusehen ist fürchterlich, weil wir die ganze Qual mitempfinden, während wir stumpfer bleiben beim Anblick anderen körperlichen Schmerzes. Diese Thatsache ist wichtig, weil gerade der Atem das unmittelbarste Organ des Ausdruckes ist.

So möchte etwa ein Verteidiger seinen Beweis des körperlichen Miterlebens einleiten, und vielleicht hoffte er auch noch darin eine Stütze zu finden, dass Gesetzmässigkeit empfunden wird, ohne dass der Intellekt sich deren bewusst geworden ist, oder, im umgekehrten Fall, eine Verletzung des Normalen vom „Auge“ oder vom „Gefühl“ (wie man sich auszudrücken pflegt) früher empfunden wird, als der Intellekt merkt, wo ein Fehler vorliegt.

Wollte man etwa einwerfen, für die ästhetische Anschauung könne dies Miterleben nicht in Betracht kommen, denn ein Nachbilden des menschlichen, physiognomischen Ausdrucks finde nur statt in willenlosen Momenten, wo man sich vergisst und ganz sich versenkt in das Objekt, so würde dieser Einwurf zurückgewiesen werden können mit der durchaus richtigen Bemerkung, die ästhetische Anschauung verlange eben diese Willenlosigkeit, dieses Aufgeben des Selbstgefühls. Wer nicht die Fähigkeit hat zeitenweise aufzuhören an sich zu denken, der wird niemals zum Genuss eines Kunstwerks kommen, noch weniger ein solches schaffen können.

Anm. In diesem psychologischen Tatbestand ist die Verwandtschaft des moralischen und des ästhetischen Gemütszustands begründet. Das „Mitleiden“, das jener voraussetzt, ist psychologisch der gleiche Prozess, wie das ästhet. Mitfühlen. Daher sind grosse Künstler bekannter Weise immer auch „gute Menschen“, d. h. dem Affekt des Mitleids in hohem Grade unterworfen.

Dass das Erhabene nicht mehr nachgebildet werden kann, müsste auch der Verteidiger dieser These zugeben. Während eine leichte Säulenhalle mit ihrer heitern Kraft uns durchströmt und ein unmittelbares Wohlbehagen hervorruft, stellen sich dort im Gegenteil die Symptome der Furcht ein: Wir fühlen die Unmöglichkeit dem Ungeheuren uns gleichzustellen, die Gelenke lösen sich u. s. w. Bei der Sonderstellung des Erhabenen wäre aber das immer noch keine Widerlegung des Hauptsatzes.

Auch das Recht, die Auffassung des menschlichen Ausdrucks überhaupt zu vergleichen mit der Auffassung der architektonischen Formen wird man nicht bestreiten können. Wo sollte die Grenze sein, wo dieses mitfühlende Erleben aufhören? Es wird statthaben, wo immer wir noch gleiche Daseinsverhältnisse mit den unsrigen finden, d. h. wo Körper uns entgegentreten.

Weiter verfolgt würde eine derartige Untersuchung zurückführen in die Geheimnisse der psychischen Entwicklungsgeschichte. Und schliesslich, wenn auch ein durchgängiges Erleben konstatiert wäre, wenn wir beweisen könnten, dass unser Körper genau die Veränderungen erleidet, die als Ausdruck der Stimmung, die das Objekt uns mitteilt, entsprechen, was wäre damit gewonnen?

Wer sagt uns, wo die Priorität ist? Ist die körperliche Affektion Bedingung des Stimmungseindrucks? oder sind die sinnlichen Gefühle nur eine Folge der lebhaften Vorstellung in der Phantasie? Oder endlich, die dritte Möglichkeit, gehn Psychisches und Körperliches parallel?

Indem wir die Frage bis zu diesem Punkt getrieben haben, ist es höchste Zeit abzubrechen: denn jetzt stehn wir vor Problemen, die die Grenze aller Wissenschaft bezeichnen.

Wir ziehen uns zurück. Im Folgenden werden wir keine Rücksicht mehr nehmen auf diese Schwierigkeiten, sondern die herkömmlichen bequemen Ausdrücke auch unsrerseits gebrauchen.

Was als Grundlage gewonnen wurde, ist dieses:

[illegible] zu Pfingsten

Unsre leibliche Organisation ist die Form, unter der wir alles Körperliche auffassen. Ich werde nun zeigen, dass die Grundelemente der Architektur: Stoff und Form, Schwere und Kraft sich bestimmen nach den Erfahrungen, die wir an uns gemacht haben; dass die Gesetze der formalen Aesthetik nichts andres sind als die Bedingungen, unter denen uns allein ein organisches Wohlbefinden möglich scheint, dass endlich der Ausdruck, der in der horizontalen und vertikalen Gliederung liegt, nach menschlichen (organischen) Prinzipien gegeben ist.

Dies ist der Inhalt der folgenden Abschnitte.

Es liegt mir nun durchaus fern, zu behaupten, der architektonische Eindruck sei damit vollständig analysiert, gewiss kommen noch sehr viele andere Faktoren hiezu: Farbe, Assoziationen, die aus der Geschichte und Bestimmung des Gebäudes erwachsen, Beschaffenheit des Stoffes etc. Immerhin glaube ich nicht zu irren, wenn ich den Kern des Eindrucks in den hier dargestellten Zügen erblicke.

Es sei gestattet mit Uebergehung der anderen Faktoren hier nur noch andeutend auf das hinzuweisen, was man Analogien der Linienempfindung nennen kann.

Unter Analogien der Empfindung versteht nämlich Wundt (phys. Psych. I^2, 486 ff.) die Verwandtschaftsverhältnisse, die wir zwischen den Empfindungen disparater Sinne anzunehmen pflegen, wie z. B. zwischen tiefen Tönen und dunkeln Farben, die als reine Empfindungen betrachtet kein Gemeinsames haben, vermöge ihres gleichen ernsten Gefühlstons uns aber verwandt erscheinen.

Solche Analogien stellen sich auch bei Linien ein. Es wäre erwünscht, über diesen ganz unbeachteten Gegenstand einmal etwas Zusammenhängendes zu hören.[1]) Ich gebe einige Bemerkungen, die durch mannigfache Versuche gewonnen worden sind.

---

[1]) Natürlich müssten hiebei sprachliche Untersuchungen den experimentirenden Psychologen unterstützen.

Das hastige Auffahren des Zickzacks führt unmittelbar die Erinnerung an brennendes Rot mit sich, während das sanfte Blau einer weichen Wellenlinie sich zugesellt und zwar eine mattere Nüance den langgezogenen Wellen, eine kräftigere den leichter beweglichen. Wie ja auch die Sprache „matt" gleichmässig verwendet für Farbentöne, denen die Leuchtkraft fehlt, und für körperliche Müdigkeit.

Ebenso spricht man von warmen und kalten Linien, von den warmen Linien des Holzschnitts z. B. und den kalten des Stahlstichs, Gegensätze die sich wiederum decken mit den Druckempfindungen: hart und weich.

Am deutlichsten ist die Analogie mit Tönen, wo wahrscheinlich die Erfahrungen an der eigenen Stimme über Tonbildung mitwirken. So beurteilt jedermann eine Linie mit kurzen kleinen Wellen als tremulierend in hoher Lage, weite Schwingungen von geringer Höhe als dumpfhohles Summen. Zickzack „rasselt und klirrt wie Waffenlärm" (Jak. Burkhardt), sehr spitz wirkt er gleich schneidenden Pfeifentönen. Die Gerade ist ganz still.

Es hat also einen guten Sinn auch in der Architektur von der *stillen* Einfalt der Antike und dem widrigen Lärmen z. B. der englischen Gothik zu sprechen; oder etwa in der sanft herabgleitenden Linie eines Berges das leise Verklingen eines Tones zu empfinden.

II. Der Gegenstand der Architektur.

Die Materie ist schwer, sie drängt abwärts, will formlos am Boden sich ausbreiten. Wir kennen die Gewalt der Schwere von unserem eigenen Körper. Was hält uns aufrecht, hemmt ein formloses Zusammenfallen? Die gegenwirkende Kraft, die wir als Wille, Leben oder wie immer bezeichnen mögen. Ich nenne sie Formkraft. *Der Gegensatz von Stoff und Formkraft*, der die gesamte organische Welt bewegt, ist das Grundthema der Architektur. Die ästhetische Anschauung überträgt diese intimste Erfahrung unseres Körpers auch auf die stumpfe Farben. Vgl. die gedämpften Farben: röm. Barock, u. die kräftige venez. Farbengebung bei ihrer entsprechend durchsichtigen Architektur.

Gotik: harte Farben. Rococo: lichte, verblasen.

Bien mouvant.

III.: der Stil an sich.

leblose Natur. In jedem Ding nehmen wir einen Willen an, der zur Form sich durchzuringen versucht und den Widerstand eines formlosen Stoffes zu überwinden hat.

Mit dieser Erkenntnis haben wir den entscheidenden Schritt gethan, um sowohl die formale Aesthetik durch lebensvollere Sätze zu ergänzen, wie auch um dem architektonischen Eindruck einen reicheren Inhalt zu sichern, als ihm z. B. Schopenhauers viel bewunderte Theorie zugestehen will. Glücklicherweise lässt sich niemand den Genuss von der Philosophie trüben und Schopenhauer selbst hatte wohl zu viel Kunstgefühl, um an seinen Satz zu glauben: Schwere und Starrheit seien der einzige Gegenstand der Baukunst.

Weil er nicht den Eindruck, die psychische Wirkung der Architektur analysierte, sondern nur ihren Stoff, liess er sich zu dem Schluss verleiten:

1. Die Kunst stellt die Ideen der Natur dar.

2. Der architektonische Stoff bietet als Hauptideen: Schwere und Starrheit.

3. Also ist die Aufgabe der Kunst diese Ideen in ihrem Widerspruch klar darzustellen.

Die Last will zu Boden, die Träger, vermöge ihrer Starrheit widersetzen sich diesem Willen.

Abgesehen von der Dürftigkeit dieses Gegensatzes, begreift es sich schwer, wie Schopenhauer verkennen konnte, dass die Starrheit des Steines einer griechischen Säule in der ästhetischen Anschauung vollständig aufgehoben und zu lebendigem Aufstreben verwandelt wird.

Genug, ich wiederhole: Wie die Charakteristik der Schwere unseren körperlichen Erfahrungen entnommen ist, ohne sie unmöglich wäre, so wird auch das, was der Schwere entgegenwirkt, nach menschlicher d. h. organischer Analogie aufgefasst. Und so behaupte ich, dass alle die Bestimmungen, die die formale Aesthetik über die schöne Form giebt, nichts anderes sind, als Bedingungen organischen Lebens. Formkraft ist also nicht nur als Gegensatz der Schwere, vertikal-wirkende

Kraft, sondern das was Leben schafft, eine vis plastica, um diesen in der Naturwissenschaft verpönten Ausdruck hier zu gebrauchen. Ich will im nächsten Abschnitt die einzelnen Formgesetze darlegen. Hier genügt der Hinweis, indem es mir jetzt nur darauf ankommt, den Grundgedanken bestimmt hinzustellen, das Verhältnis von Stoff und Form klar zu legen.

Nach all dem Gesagten kann kein Zweifel sein, dass Form nicht als etwas äusserliches dem Stoff übergeworfen wird, sondern aus dem Stoff herauswirkt, als immanenter Wille; Stoff und Form sind untrennbar. Jn jedem Stoff lebt ein Wille, der zur Form drängt, aber nur nicht immer sich ausleben kann. Man darf sich auch nicht vorstellen, der Stoff sei das unbedingt feindliche, vielmehr wäre eine stofflose Form gar nicht denkbar; überall stellt sich das Bild unseres körperlichen Daseins als der Typus dar, nach dem wir jede andere Erscheinung beurteilen. Der Stoff ist das böse Prinzip nur insofern, als wir ihn als lebensfeindliche Schwere kennen. Zustände der Schwere sind immer verbunden mit einer Verminderung der Lebenskraft. Das Blut läuft langsamer, der Atem wird unregelmässig und seufzend, der Körper hat keinen Halt mehr und sinkt zusammen. Es sind das Momente des Ungleichgewichts, die Schwere scheint uns zu überwältigen. Die Sprache hat dafür den Ausdruck: Schwermut, gedrückte Stimmung u. s. w. Ich untersuche nicht weiter, welche Störungen physischer Art hier vorliegen: genug, dies ist der Zustand der Formlosigkeit.

Alles lebendige sucht sich ihm zu entringen, zur Regelmässigkeit, zum Gleichgewicht zu gelangen, als dem naturgemässen Verhalten. In diesem Versuch des organischen Willens den Körper zu durchdringen, ist das Verhältnis von Form zu Stoff gegeben.

Der Stoff selbst sehnt sich gewissermassen der Form entgegen. Und so kann man diesen Vorgang bezeichnen mit den gleichen Worten, die Aristoteles von dem Ver-

1 Von reinen Formen bis zur absol. Formlosigkeit ist ein
ihr Weg.

hältnis seiner Formen zum Stoff gebraucht, oder mit einem herrlichen Ausdruck Goethes sagen: das Bild muss sich entwirken. Die vollkommene Form aber stellt sich dar als eine Entelechie, als die Vollendung dessen, was im Stoff angelegt war.

Zu Grunde liegt all diesen Gleichnissen das eine tiefmenschliche Erlebnis von der Formung des Ungeformten. Wenn man die Architektur bezeichnet hat als eine erstarrte Musik, so ist das nur der Ausdruck für die gleiche Wirkung, die wir von beiden Künsten empfangen. Indem hier die rhythmischen Wellen auf uns eindringen, uns ergreifen, uns hineinziehen in die schöne Bewegung, löst sich alles Formlose und wir geniessen das Glück, auf Augenblicke befreit zu sein von der niederziehenden Schwere des Stoffes.

Eine gleiche formende Kraft empfinden wir in jedem architektonischen Gebilde, nur dass sie nicht von aussen kommt, sondern von innen, als gestaltender Wille, ihren Körper sich bildet. Das Ziel ist nicht die Vernichtung des Stoffes, sondern nur die organische Fügung, ein Zustand, von dem wir empfinden, dass er selbstgewollt, nicht durch äussern Zwang entstanden sei; Selbstbestimmung ist die Bedingung aller Schönheit. Dass die Schwere des Stoffes überwunden sei, dass in mächtigsten Massen ein uns verständlicher Wille sich rein hat befriedigen können, das ist der tiefste Gehalt des architektonischen Eindrucks.

Ausleben der Anlage, Befriedigung des Willens, Befreiung von der stofflichen Schwere — es sagen alle Ausdrücke das gleiche.

Je grösserer Widerstand überwunden ist, desto höher die Lust.

Nun kommt es aber nicht nur darauf an, dass ein Wille sich auslebt, sondern was für ein Wille. Ein Würfel genügt der ersten Forderung vollkommen, allein es ist ein ausserordentlich dürftiger Inhalt, der hier zu Tage tritt.

Innerhalb der formal korrekten d. h. lebensfähigen Architektur ist eine Entwicklung möglich, die man wohl nicht ganz mit Unrecht mit der Entwicklung der organischen Gebilde vergleichen möchte: es findet der gleiche Fortgang von dumpfen, wenig gegliederten Gestalten bis zum feinst ausgebildeten System differenzierter Teile statt.

Die Architektur erreicht ihren Höhepunkt jeweilen da, wo aus der ungeteilten Masse einzelne Organe sich losgelöst haben und jedes Glied, seinem Zweck allein nachkommend, zu funktionieren scheint ohne den ganzen übrigen Körper in Mitleidenschaft zu ziehen oder von ihm behindert zu sein.

Dasselbe Ziel verfolgt die Natur in ihren organischen Gebilden. Die niedrigsten Wesen sind ein Ganzes ohne Gliederung, die notwendigen Funktionen werden entweder von „Scheinorganen" verrichtet, die jeweilen aus der Masse heraustreten und in ihr wieder verschwinden oder es besteht für alle Vorrichtungen nur ein Organ, das dann sehr mühsam arbeitet. Die höchsten Wesen dagegen zeigen ein System differenzierter Teile, die unabhängig von einander wirken können. Es bedarf der Uebung, um diese Unabhängigkeit ganz zu entwickeln. Der Rekrut kann anfänglich nicht gehen, ohne den ganzen Körper mit in Anspruch zu nehmen, der Klavierschüler ist nicht im stande einen Finger allein zu heben.

Das Missbehagen solcher Zustände, wo der Wille sich nicht rein zur Geltung bringen kann, wo er gleichsam im Stoff stecken bleibt, ist dasselbe Gefühl, das ungenügend gegliederte Bauwerke uns mitteilen. (Der romanische Stil ist reich an Beispielen der Art).

Deutet so die Selbständigkeit der Teile auf höhere Vollkommenheit des Organismus, so wird uns das Geschöpf noch um so bedeutender, je unähnlicher die Teile einander sind (innerhalb der Schranken natürlich, die durch die allgemeinen Formgesetze gegeben sind, siehe den nächsten Abschnitt.) Die Gothik, die in ihren Teilen immer das gleiche Muster wiederholt: Thurm = Fiale, Giebel =

Wimperg, eine unendliche Vielheit gleicher und ähnlicher Glieder gibt, muss hinter der Antike zurückstehen, die nichts wiederholt: eine Säulenordnung, ein Gebälk, ein Giebel.

Doch ich breche diese Betrachtungen ab. Fruchtbar können sie erst geübt werden, wenn der architektonische Organismus in seinen Teilen schon bekannt ist. Was ich habe zeigen wollen, ist nur das eine, dass wir in unmittelbarem Gefühl die Vollkommenheit architektonischer Gebilde nach demselben Massstab bemessen, wie die der lebenden Geschöpfe. —

Wir wenden uns zu den allgemeinen Formgesetzen.

III. Die Form und ihre Momente.

Um eine feste Grundlage zu haben, nehme ich die Bestimmungen der Form, wie sie Fr. Vischer in der Selbstkritik seiner Aesthetik gibt (Krit. Gänge V).

Er unterscheidet 2 äussere und 4 innere Momente. Die erstern sind:

1) Begrenzung im Raum.
2) Mass, entsprechend der Spannkraft unserer Anschauung (für uns hier unwesentlich).

Dass jedes Ding, um Individuum zu sein, gegen seine Umgebung sich abgrenzen muss, ist conditio sine qua non. Ueber die Art der Abgrenzung wird gleich gesprochen werden.

Als innere Momente treten auf:

1) Regelmässigkeit.
2) Symmetrie.
3) Proportion.
4) Harmonie.

Indem ich mich nun anschicke, diese Begriffe zu entwickeln, setze ich als Motto gleichsam den schon ausgesprochenen Grundsatz an die Spitze: Die Momente der Form sind nichts andres als die Bedingungen organischen Daseins und haben als solche keine Bedeutung für den Ausdruck. Sie geben nur das Schema des Lebendigen.

Regelmässigkeit wird definirt als: „Gleichmässige Wiederkehr unterschiedener, doch gleicher Teile.“ Vischer nennt als Beispiele: Säulenordnung, Folge eines dekorativen Musters, die gerade Linie, der Kreis, das Quadrat etc.

Hier glaube ich zuerst eine Ungenauigkeit rügen zu müssen: Die Regelmässigkeit der Abfolge muss entschieden getrennt werden von der „Gesetzmässigkeit“ einer Linie, wie sie die Gerade, einer Figur, wie sie Quadrat und Kreis, oder nach dem Sprachgebrauch auch ein Winkel von 90° im Gegensatz zu einem von 80° zeigen.

Es ist nicht einzusehen, wie diese Dinge unter der einen Definition Platz finden sollten.

Der Unterschied zwischen Regelmässigkeit und dem, was ich hier einstweilen als Gesetzmässigkeit bezeichne, gründet sich auf eine sehr tiefgehende Differenz: Hier haben wir ein rein intellektuelles Verhältniss vor uns, dort ein physisches. Die Gesetzmässigkeit, die sich in einem < 90° oder in einem Quadrat ausspricht, hat keine Beziehung zu unserm Organismus, sie gefällt nicht als eine angenehme Daseinsform, sie ist keine allgemein organische Lebensbedingung, sondern nur ein von unserm Intellekt bevorzugter Fall. Die Regelmässigkeit der Folge dagegen ist uns etwas Wertvolles, weil unser Organismus seiner Anlage gemäss nach Regelmässigkeit in seinen Funktionen verlangt. Wir atmen regelmässig, wir gehen regelmässig, jede andauernde Thätigkeit vollzieht sich in periodischer Folge. — Ein anderer Fall: Dass eine Pyramide genau in einem < 45° aufsteigt, bietet uns ein bloss intellektuelles Vergnügen, unserm Organismus ist dies gleichgültig, er rechnet bloss mit den Verhältnissen von Kraft und Schwere und gibt danach sein Urteil ab.

Es ist geboten, den prinzipiellen Unterschied dieser zwei Faktoren sich hier möglichst klar zu machen.

Ganz isolirt können sie wohl kaum je beobachtet

etwa. Brunn bestritt diese [illegible]. Hill. mit Recht.

Es müßte u. beides nachgewiesen w., ob nicht auch hier die Rücksicht auf die Regel dem lebendigen Formtrieb untergeordnet w. ist, und entscheidend sei.

werden, da jedes intellektuelle Verhältniss auch irgend eine physische Bedeutung hat und umgekehrt. Jedoch ist in der Verbindung der Anteil eines jeden meist unschwer zu erkennen.

Für die Charakteristik d. h. für den Ausdruck eines Kunstwerks ist der intellektuelle Faktor beinahe ganz bedeutungslos. Immerhin wird eine leicht erkennbare Ordnung den Reiz des Heitern erhöhen, eine sehr complizirte, dem Intellekt unentwirrbare dagegen, indem wir beim Misslingen des Versuchs unmutig werden, selbst den Charakter dumpfen Unmuts anzunehmen scheinen. Wo endlich die Absicht allzu leicht erkannt wird, resultirt gewöhnlich ein öder, langweiliger Eindruck.

Wichtig ist der intellektuelle Faktor nur formal, weil er die Selbstbestimmung eines Objekts garantirt. Wo wir strenge Regel, verständliche Zahlen finden, da wissen wir: hier hat nicht der Zufall gewaltet, diese Form ist gewollt, das Objekt hat sich selbst bestimmt. (Natürlich kann das nur innerhalb der Grenzen des Physisch-Möglichen geschehen.) — Interessant ist die Beobachtung, dass die älteste Kunst, der es vor allem darauf ankam, dem Zufall der Naturformen beabsichtigte, gewollte Gestalten entgegenzustellen, durch grelle Gesetzmässigkeit allein dies Ziel erreichen zu können glaubte. Es war einer späteren Zeit vorbehalten, auch in freieren Formen den Eindruck des Notwendigen zu wahren.

Symmetrie. Vischer definirt sie als „Gegenüberstellung gleicher Teile um einen trennenden Mittelpunkt, der ihnen ungleich ist. Man kann damit wohl einverstanden sein, sobald man sich nur darüber klar ist, dass hier nichts weiter gesagt sein soll, als dass bei gegebenem Mittelpunkt die Teile rechts und links gleich sein müssen. Die aktive Fassung der Definition verleitet zum Glauben, es sei in dem Begriff auch die Aufstellung eines Mittelpunkts eingeschlossen, was durchaus unrichtig ist, denn wo er fehlt, z. B. bei blosser Regelmässigkeit, spricht man nicht von Asymmetrie.

Die Forderung der Symmetrie ist abgeleitet von der Anlage unseres Körpers. Weil wir symmetrisch aufgebaut sind, glauben wir diese Form auch von jedem architektonischen Körper verlangen zu dürfen. Nicht desswegen, weil wir unsern Gattungstypus als den unsrigen für den schönsten halten, wie man schon gemeint hat, sondern weil es uns so allein wohl ist.

In der Wirkung der Asymmetrie, von der gelegentlich schon gesprochen worden ist, liegt das Verhältniss klar vor; wir empfinden ein körperliches Missbehagen; indem wir uns in der symbolisirenden Anschauung mit dem Objekt identifizirt haben, ist uns, als sei die Symmetrie unseres Leibes gestört, als sei ein Glied verstümmelt.

Aus dem Ursprung der Forderung von Symmetrie, ergibt sich auch ihre unbedingte Geltung. Man ist zwar oft der Meinung, der Zweckmässigkeit müsse sie sofort weichen, ohne dass das Gefallen eine Einbusse erlitte. Fechner (Vorschule der Aesthetik) bringt als Beispiel die Tasse, die ja nur einen Henkel habe. Allein gerade hier bewährt sich unser Prinzip auf's beste. Unwillkürlich wird uns die Henkelseite zum Rücken der Tasse, so dass die Symmetrie gewahrt bleibt. Sobald dann 2 Henkel gegeben sind, dreht sich das Verhältniss wieder und wir fassen sie als ein Analogon unserer Arme.

Aus alldem geht aber auch zur Genüge hervor, dass ein Ausdruck in der Symmetrie als solcher nicht liegen kann, so wenig beim Menschen ein seelisches Moment in der Gleichheit der Arme zur Ercheinung kommt.

Mehr Schwierigkeiten macht die Proportion. Es ist das ein ganz unentwickelter Begriff. Vischer's Definition: Proportion setzt die Ungleichheit voraus und eine sie beherrschende Ordnung fest, sagt nicht viel, wie er selbst gesteht. Durch die Beifügung, sie gelte für die vertikale Richtung, ist nichts gewonnen, weil sie dann nicht mehr passt für Flächen (Verhältniss von h und b), wo man doch auch von Proportion spricht. Und wie von daher noch zu setzen. O kg. 32 oder [illegible] 19

Jbs., Kon. 90. Es wäre zu wünschen, daß ein Wort gebildet würde, welches ausdrücklich die Verhältnisse (worunter man jedesmal nur Höhe, Breite & Dicke versteht) & die Umrisse zugleich [illegible].

Köbi. Hebräerschrift bei Sterbensfällen ungültig.

Höhe und Breite sagt man auch: die Träger müssen proportionirt sein zur Last.

Aus all diesen Fällen sieht man nur das eine: es handelt sich um das Verhältniss verschiedener Teile zu einander. Heissen diese Kraft und Last, so kann allein die Zweckmässigkeit entscheiden: der Träger muss seiner Aufgabe angemessen sein — das ist verständlich, ein physisches Prinzip.

Weiter müssen Höhe und Breite in einem „Verhältniss" zu einander stehen, 1 : 1, 1 : 2, der goldne Schnitt sind solche Verhältnisse. Ich werde aber erst in dem Abschnitt vom Ausdruckswert der Proportion über diese Dinge handeln. Die Frage gehört nicht hieher, weil sie keine durchgehende notwendige und somit ausdruckslose Form betrifft.

Für den vertikalen Aufbau endlich eine zahlenmässige Ordnung als Hauptprinzip in Anspruch zu nehmen, ist ganz unpassend, denn hier tritt ein qualitatives Moment ein: die Durchformung des widerstrebenden Stoffes von unten nach oben. Bei der Symmetrie waren die Glieder qualitativ gleich. Hier sind die unteren Teile die schweren, gedrückten, die oberen die leichten, feiner Durchbildung zugänglichen. Zahlenverhältnisse, wie der (von Zeising überschätzte) goldne Schnitt, können darum hier als etwas sekundäres hinzutreten, vor allem aber verlangen wir jenen qualitativen Fortschritt von unten nach oben ausgedrückt zu sehen. Die Gesetze dieses Fortgangs entziehen sich aller mathematischen Bestimmbarkeit. — Ein Rustica-Geschoss von gleicher Höhe wie ein darüber liegendes zweites mit glatter Mauer, wirkt nicht als 1 : 1, die optische Fläche ist bei ungleichem Stoff nicht mehr entscheidend.

Das Prinzip ist auch hier dem organischen Aufbau entlehnt. In vollendetster Weise finden wir diese Entwicklung vom Rohen zum Feinem beim Menschen. Wundt (phys. Psych. II. 186) macht darauf aufmerksam, dass eine Wiederholung homologer Teile stattfindet: „in den Armen und Händen wiederholen sich in feinerer und vollkommnerer Form die Beine und Füsse. Die Brust wiederholt in gleicher Art die Form des Bauches. Während aber alle anderen Teile nur zweimal in der vertikalen Gliederung der Gestalt wiederholt sind, ist auf den Rumpf noch das Haupt gefügt, welches als der entwickeltste und allein in keinem andern homologen Organ vorgebildete Teil das Ganze abschliesst." — In diesem Prinzip der vertikalen Entwicklung ist der Architektur eine reiche Gelegenheit zur Charakteristik gegeben, aber das ist nicht mehr Proportion, keine formale, sondern eine inhaltliche Bestimmung. Darum hievon erst später.

Das letzte und geheimnissvollste Moment der Form ist die Harmonie als die „lebendig bewegte Einheit einer klar unterschiedenen Vielheit." — „Sie geht hervor aus der Einheit der inneren Lebenskraft. Sie bringt die Einheit in die Teile, weil sie die Teile ist" (Vischer).

Harmonie ist ein Begriff, den wir in voller Reinheit in der Morphologie als Definition von Organismus ausgebildet finden.

Das Individuum ist eine einheitliche Gemeinschaft, in welcher alle Teile zu einem gleichartigen Zwecke zusammenwirken (Einheit). Dieser Zweck ist ein innerer (Selbstbestimmung). Und der innere Zweck ist auch zugleich ein äusseres Mass, über welches die Entwicklung des Lebendigen nicht hinausreicht. (Form = innerer Zweck.) Diese Sätze stammen von Virchow. Man kann sie unmittelbar in die Aesthetik herübernehmen.

Uebrigens hat schon Kant in anderem Zusammenhang dasselbe gesagt. Unter dem Titel „Architektonik der reinen Vernunft" gibt er eine vorzügliche Entwicklung dessen, was wir hier als Organismus und Harmonie bezeichnen. Er nennt es System.

Die Bestimmungen hierüber sind so treffend, dass ich sie in der Hauptsache hersetzen will.

Unter System ist zu verstehen die Einheit der mannigfaltigen Teile unter einer Idee. Diese Idee enthält den Zweck und die Form des Ganzen, das mit demselben kongruirt (d. h. Form = innerer Zweck). Die Einheit des

Zwecks macht, dass kein Teil vermisst werden und keine zufällige Hinzusetzung stattfinden kann. Das Ganze ist also gegliedert und nicht gehäuft; es kann zwar innerlich, aber nicht äusserlich wachsen, wie ein tierischer Körper, dessen Wachstum kein Glied hinzusetzt, sondern ohne Veränderung der Proportion ein jedes zu seinen Zwecken stärker und tüchtiger macht. —

Damit ist alles gesagt, was vernünftiger Weise gesagt werden kann, und es ist sehr bezeichnend, dass die Architektur den Namen für diesen Begriff gegeben hat.

Ein Ausdruck liegt in der Harmonie nicht. Sie bezeichnet nur das, was man mit einem andren Wort auch wohl die Reinheit der Formen genannt hat. Die Reinheit besteht eben darin, dass nicht Zufall sie geschaffen hat, die eine so, die andre so, sondern dass sie alle als Ausfluss einer zu Grunde liegenden Einheit erscheinen können und sich so als durchaus notwendig dokumentieren.

Der Eindruck des Organischen beruht, wie August Thiersch in der höchst lehrreichen Abhandlung über „Proportion" (Handbuch der Architectur, herausgegeben von Durm etc., Darmstadt IV. 1) nachgewiesen hat, hauptsächlich darauf, dass die gleiche Proportion im Ganzen und in den Teilen sich wiederholt. Es ist dasselbe Gesetz, das auch die Natur in ihren Bildungen befolgt.[1])

Damit haben wir die hauptsächlichen Formgesetze durchgegangen.

Wir treten den eigentlich ausdrucksvollen Elementen näher und behandeln also nacheinander

1. die Verhältnisse der Höhe und Breite,
2. die horizontale Entwicklung,
3. die vertikale Entwicklung,
4. das Ornament.

---

[1]) Näher auf diese Dinge einzugehen, ist hier unmöglich, da der Gegenstand unbedingt die verdeutlichende Zeichnung erfordert.

IV. Charakteristik der Proportionen.

„Das Entscheidende in der Architektur sind die Maasse, die Verhältnisse von Höhe und Breite“ (Hermann Grimm).

Sie bestimmen wesentlich den Charakter eines Bauwerks.

Es kommt mir darum sehr viel darauf an, den Ausdruckswert der Proportionen zu bestimmen.

Scheiden wir zuerst aus, was dem intellektuellen Faktor angehört: Proportionen wie 1 : 1, 1 : 2, 1 : 3 sind befriedigend, weil sie die Selbstbestimmung garantiren. Die Regel, die uns hier sofort entgegenleuchtet, überhebt uns der Frage: warum so? warum nicht anders? Die Form erscheint als eine notwendige. Darin kann aber ein Ausdruck noch nicht liegen.

Man erinnere sich an das, was wir früher über die mechanische Bedeutung aller Formverhältnisse sagten und man wird nicht widersprechen, wenn ich das Verhältnis von h und b, von Vertikale und Horizontale, dem Verhältniss von Ruhe und Streben gleichsetze, und darin den Ausdruckswert der Proportionen erkenne. Der physische Faktor ist also auch hier wieder das Charakteristische.

Wie aber stellt sich hiezu das vielberühmte Verhältnis des goldnen Schnittes? Ist das unbestreitbare Wohlgefallen, das dieser für sich hat, nach dem intellektuellen oder nach dem physischen Prinzip zu beurteilen? Was man von den Proportionen 1 : 1, 1 : 2, 1 : 3 gesagt hat, ihre ästhetische Bedeutung liege in der Leichtigkeit, womit wir diese einfachen Zahlen erkennen, findet hier offenbar keine Anwendung. Die grössere Seite ist nicht ein Vielfaches der kleinern, sondern h und b sind (arithmetisch ausgedrückt) irrational. Nun aber könnte man sich ja doch denken, das geometrische Verhältnis, dass die kleinere Seite zur grösseren sich verhalte, wie diese zum Ganzen, werde wahrgenommen. Jedoch, wo ist das Ganze? Ist es glaublich, dass wir in der Anschauung

eines goldgeschnittenen Rechtecks b zu h hinzusetzen, um die Gerade zu gewinnen, die das Ganze repräsentirte?

Der intellektuelle Faktor scheint hier nicht zu passen.

Ein andres Bedenken gegen diese Erklärung ist dies, dass auch ein geschultes Auge nicht leicht den goldnen Schnitt als solchen erkennt. Bei 1 : 1 oder 1 : 2 werden Unvollkommenheiten sofort bemerkt, hier dagegen bleibt das Urteil in einer gewissen Breite schwankend. Die Zweifel mehren sich noch bei längerm Nachdenken; genug, ich glaube das Wohlgefallen muss aus den physischen Bedingungen erklärt werden, aus dem Verhältnis von Kraft und Schwere.

Man beobachte doch die Charakteristik der Scala der Proportionen.

Das □ heisst plump, schwerfällig, zufrieden, hausbacken, gutmütig, dumm u. s. f. Sein Eigentümliches liegt in der Gleichheit von h und b, Streben und Ruhe halten sich vollkommen das Gleichgewicht. Wir können nicht sagen, liegt der Körper oder steht er. Ein Ueberschuss von b würde ihn als ruhend, ein Ueberschuss von h als stehend erscheinen lassen. Dies ist nach dem allgemeinen Sprachgebrauch anerkannt. Mit grosser Consequenz sagen wir: dort *liegt* die Gemäldegalerie und hier *steht* der Turm.

Der Würfel gewinnt durch seine Indifferenz den Charakter absoluter Unbeweglichkeit. Er will nichts. Daher die Charakteristik: plump — gutmütig — dumm, ein Fortschreiten von körperlichen zu moralischen und schliesslich zu intellektuellen Eigenschaften.

Mit zunehmender Höhe verwandelt sich das Plumpe ins Fest-Gedrungene, geht über zum Elegant-Kräftigen, um schliesslich im Haltlos-Schlanken zu endigen, die Gestalt scheint dann der Unruhe ewigen Weiterwollens verfallen.

Umgekehrt, bei wachsendem b findet eine Entwicklung der Verhältnisse vom Klotzigen, Zusammengezogenen zu immer freierm Sich-Gehnlassen statt, das aber schliesslich in blosse zerfliessende Schwäche sich verliert; man bekommt den Eindruck, die Figur müsste ohne allen Halt immer mehr am platten Boden sich ausbreiten.

(Diese Charakteristik ist, wie ich nebenbei bemerke, aus zahlreichen Experimenten mit Personen jeden Alters gewonnen worden.)

Aus alledem geht zur Genüge hervor, dass die Verhältnisse von h und b gedeutet werden auf Kraft und Schwere, Streben und Ruhe. Für den Ausdruck liegt in diesen Beziehungen ausserordentlich viel.

Was wir an uns selbst kennen, als behagliches Sich-Ausdehnen, ruhiges Gehn-Lassen, übertragen wir auf diese Art von Massenverteilung und geniessen die heitere Ruhe mit, die Gebäude solcher Art uns entgegenbringen. Umgekehrt kennen wir auch den Zustand des Gemütes, wenn man „sich zusammennimmt", in kräftig-ernster Haltung sich aufrichtet u. s. w.

In der Skala der möglichen Combinationen scheint mir nun der goldene Schnitt desswegen eine bevorzugte Stellung einzunehmen, weil er ein Streben gibt, das sich nicht selbst verzehrt und in atemloser Hast nach oben drängt, sondern kräftiges Wollen mit ruhig festem Stand zu verbinden weiss. Das liegende goldgeschnittene Rechteck dagegen ist gleich weit entfernt von haltloser Schwäche und jenen klotzigen, dem □ sich nähernden Gestalten.

Der goldene Schnitt gäbe also in seinem Verhältnis von ruhigem Stoff und aufdrängender Kraft etwa das dem Menschen conforme Durchschnittsmass. Ja, ich glaube beobachtet zu haben, dass schlanke Personen von unruhiger Beweglichkeit im Ganzen die schlankern Verhältnisse vorziehn, während kräftig untersetzte Leute umgekehrt wählen. Es wäre wünschenswert gewesen, dass Fechner bei seinen berühmten Experimenten hierauf Rücksicht genommen hätte.

Von den Dreiecksproportionen gilt das gleiche.

Von grossem Interesse ist der Zusammenhang zwischen den Proportionen und dem Tempo des Atmens. Es ist kein Zweifel, sehr schmale Proportionen machen den

es kommt auf die Frag. an.

Die Ursprünge der jav. Bilder sind nicht so alt, wie die der

(Buchstein, Jav. Kapitell. – american journal of ar

—

Berick: ungleichmäßiger Armen. Später mir der [illegible]

lern.

Eindruck eines fast atemlos hastigen Aufwärtsstrebens. Und natürlich: es stellt sich sofort der Begriff des Engen ein, ~~das uns keine Möglichkeit zu tiefem, seitliche Ausdehnung verlangendem Atemholen gewährt~~. So wirken die gothischen Proportionen beklemmend: für uns ist Raum genug zum Atmen da, aber in und mit diesen Formen lebend, glauben wir zu empfinden, wie sie sich zusammendrücken, aufwärtsdrängend, in sich selbst verzehrender Spannung. Die *Linien* scheinen mit gesteigerter *Schnelligkeit* zu laufen. Es mag hier als Beispiel, wie wenig die Bewegung der Augen für die Schnelligkeit des Linienflusses entscheidend ist, auf den Eindruck zweier Wellenlinien von ungleicher Schwingungsweite hingewiesen sein: kurze Schwingungen erscheinen uns rasch und flink, lange dagegen ruhig, oft müde: dort lebhaftes rasches Atmen — hier matte langsame Züge. Die Schwingungsweite giebt die Dauer, die Schwingungshöhe die Tiefe des Atemzuges an. Bei der Bedeutung des Tempos der Respiration für den Ausdruck von Stimmungen ist dieser Punkt für die historische Charakteristik sehr wichtig. Man kann die Beobachtung machen, dass Völker, je älter sie werden, desto rascher in ihrer Architektur anfangen zu atmen, sie werden aufgeregt. Wie still und ruhig laufen die Linien des alten dorischen Tempels: alles noch breit und langsamgemessen. Dann im Jonischen schon eine raschere Beweglichkeit, man sucht das Schlanke und Leichte, und je mehr die antike Kultur ihrem Ende nahe kam, desto mehr verlangte sie eine fieberhafte beschleunigte Bewegung. Völker, die von Hause aus ein rasches Blut haben, leisten dann das Höchste. Man denke an die erstickende Hast arabischer Dekorationslinien. — Leider muss ich mich hier mit Andeutungen begnügen, eine historische Psychologie oder vielmehr eine psychologische Kunstgeschichte müsste die wachsende Schnelligkeit der Linienbewegung mit aller Exaktität verfolgen können und zwar wird sie finden, dass in der Dekoration der Fortschritt immer zuerst vor sich geht.

Uebrigens gibt es ausser der Flächenproportion noch andere Mittel, den Eindruck raschen Laufes hervorzurufen. Ich muss aber hier beim Thema bleiben.

Die Proportionen sind das, was ein Volk als sein eigenstes gibt. Mag auch das System der Dekoration von aussen hineingetragen sein, in den Maassen von Höhe und Breite kommt der Volkscharakter immer wieder zum Durchbruch. Wer verkennt in der italienischen Gothik die nationale Vorliebe für weite, ruhige Verhältnisse und umgekehrt — bricht nicht im Norden immer wieder die Lust hervor am Hohen und Getürmten? Man könnte fast sagen, der Gegensatz von südlichem und nördlichem Lebensgefühl sei ausgedrückt in dem Gegensatz der liegenden und stehenden Proportionen. Dort Behagen am ruhigen Dasein, hier rastloses Fortdrängen. In der Geschichte der Giebelverhältnisse z. B. möchte man die ganze Entwicklung der Weltanschauungen wiederfinden. Ich fürchte nicht den Vorwurf, das seien Spielereien. Man ist zwar auch schon dahin gekommen, die engen gothischen Spitzbogen als ein blosses Resultat technischer Entwicklung anzusehen, und Leute, die mehr darin sehen wollten, als lächerliche Dilettanten zu behandeln. Aber man blicke doch auf den allgemeinen Zusammenhang, man sehe sich jene schlanken Menschen an, wie sie uns auf Gemälden der Zeit entgegentreten; wie ist da alles gestreckt, wie ist die Bewegung so zierlich-steif, jeder einzelne Finger wie gespreizt! Was Wunder, wenn die Architektur auch scharf und spitz in die Höhe geht und die würdige Ruhe vergisst, die den romanischen Bauten eigen ist. Der Zusammenhang zwischen der Körperkonstitution und den bevorzugten Verhältnissen tritt hier deutlich hervor. Ob aber nun die physische Geschichte des menschlichen Körpers die Formen der Architektur bedingt oder von ihr bedingt ist, das ist eine Frage, die weiter führt, als wir hier zu gehn beabsichtigen.

Vielleicht ist schon im Verlauf der bisherigen Ausführungen das Bedenken wach geworden, ob man denn

überhaupt von einem Hauptverhältnis reden könne, es zeige ja doch jedes Gebäude eine Fülle mannigfacher Proportionen. Um solche Zweifel zu beschwichtigen, möchte ich versuchsweise den Begriff eines „mittleren Verhältnisses" einführen. Dass in der gothischen Architektur von solch einer durchgehenden Proportion gesprochen werden kann, muss jedermann zugeben, der Begriff hat aber auch für jeden anderen Stil seine Berechtigung. Er bezeichnet, ganz analog dem „Mittelton" in der Musik, das Normale, die natürliche Ausdehnung, nach der dann die andren Proportionen moduliert werden und, unter steter Beziehung auf diese Norm, eben als Verengung oder Erweiterung wirken. Es findet also ein kombinatorischer Einfluss statt: die abweichenden Verhältnisse werden nicht für sich, sondern in einem ergänzenden Zusammen aufgefasst. Historisch lässt sich zeigen, dass die Combinationen zunehmen mit der reifenden Kunst. Die alte gibt lauter einfache, selbständige Verhältnisse.[1])

V. Charakteristik der horizontalen Gliederung

Das Prinzip der horizontalen Gliederung wird als Symmetrie bezeichnet. Symmetrie ist aber nur die Forderung, dass die Teile, die sich um einen ihnen ungleichen Mittelpunkt herumlegen, unter sich gleich sein müssen. Darin liegt gar kein Ausdruck, wie ich schon oben gesagt habe, das Wichtige ist, dass ein Mittelpunkt dominierend sich heraushebt und dadurch abhängige Glieder um sich schafft. Wie die Geschichte der architektonischen Bildungen prinzipiell verwandt ist mit der Entwicklung der organischen Geschöpfe, so darf auch hier auf einen Satz der Morphologie hingewiesen werden: „Subordination der Teile deutet auf ein vollkommeneres Geschöpf. Je ähnlicher die Teile einander sind, desto weniger sind sie ein-

[1]) Die Gesetze dieser Modulationen aufzuweisen, gehört nicht hieher. Im übrigen verweise ich auf das zurück, was bei der Harmonie von durchgehenden Verhältnissen gesagt worden ist.

ander subordiniert." Der Fortschritt in der Entwicklung ist also eine Gliederung der Masse, die an sich stets in ihrer Ganzheit, zusammengeschlossen, verharren will.

Die architektonische Bildung nähert sich damit der menschlichen Organisation und gewinnt die Fähigkeit, all das auszudrücken, was in dem Verhältnis der Glieder zum Körper vom Menschen gesagt werden kann. Das Charakteristische hiebei liegt in der grössern oder geringern Selbständigkeit dieser Teile. Resultiert das Gefühl der Freiheit überhaupt erst aus einer Entwicklung von Gliedern, die aus dem massigen Körper zu eignem Leben heraustreten, so wird die Wirkung um so fröhlicher, je freier die Verbindung mit dem Mittelbau. Wir finden hier jene Empfindung des Gelösten und Leichten wieder, die uns jede heitere Stimmung erregt. „So frei, so entlassen!" ruft Vischer einmal aus.

Eng angeschlossne Seitenteile dagegen, ohne selbständige Kraft, deuten auf unbedingte Abhängigkeit, auf vollständige Unterordnung unter den Willen der Mitte, gleich wie energisches Wollen beim Menschen in den eng am Körper anliegenden Gliedern sich ausspricht.

Bei gegebenem Prinzip ist die Anwendung leicht zu machen und so brauche ich nicht die möglichen Fälle alle aufzuzählen. Das Prinzip ist uns durch unsere körperliche Organisation und unsere Ausdrucksbewegungen verständlich; in der Verwendung derselben ist die Architektur natürlich nicht mehr an die menschliche Analogie gebunden: sie kombinirt rein schematisch. —

[Die symmetrische Gliederung oder die ungerade Teilung (3=, 5=Teilung) wenden wir an bei allem Selbständigen, da die hervorgehobene, den Teilen ungleiche Mitte eben den inneren Zusammenhalt repräsentiert, analog der Anlage unsres und jedes tierischen Organismus.

Gegen Zweiteilung haben wir eine entschiedene Abneigung: es ist unorganisch, das Ding in der Mitte auseinanderfallen zu lassen.

Ein feines Gefühl aber hat die Zweiteilung für un-

selbständige Körper in Anwendung gebracht. Am griechischen Tempel z. B. ist die Vorderseite symmetrisch resp. ungerade geteilt, wir haben 5 oder 7 Interkolumnien (und auf diese, nicht auf die Säulen, kommt es an, da erst 2 Säulen zusammen etwas Selbständiges sind, gleich den 2 Beinen des menschlichen Körpers). Auf den Seiten dagegen finden wir eine gerade Zahl derselben, d. h. die Seite ist nichts selbständiges für sich: sie hat keine Mitte, die Mitte ist vielmehr durch ein tragendes Glied ausgefüllt.

Das Gleiche finden wir auch sonst in der Geschichte der Architektur. Der Erbauer der Villa Farnesina z. B. hat die Flügel der Fassade nur mit einer Zweiteilung bedacht und so fein ihre Unselbständigkeit gegenüber dem 5-geteilten Mittelbau angedeutet.

Asymmetrie erscheint nur in leichten Fällen als Gleichgewichtsverschiebung, in schweren nötigt sie uns, jeden Teil als Individuum für sich aufzufassen und das Ganze mehr als eine zufällige Versammlung, denn als organische Verbindung zu nehmen.

Von monumentalen Gebäuden verlangen wir heutzutage unbedingte Symmetrie: würdige gemessene Haltung. Die Deutschen des Mittelalters und auch der Renaissance scheinen anders gedacht zu haben: sie rechneten darauf, dass jeder Teil an seinem Orte für sich wirken solle, auf das Ganze, das uns durch diese Ungebundenheit meist einen sehr muntern, durchaus nicht würdig-ernsten Eindruck macht, scheinen sie nicht Rücksicht genommen zu haben. Wir dulden solche Freiheit nur noch an privaten oder ländlichen Gebäuden.

Ein eigentümliches Bedürfnis aber drängt unsre Zeit auch in ihrer häuslich-dekorativen Kunst zum Asymmetrischen. Die Ruhe und Einfalt des stabilen Gleichgewichts ist langweilig geworden, man sucht mit Gewalt Bewegung, Aufregung, kurz die Zustände des Ungleichgewichts; man will nicht mehr den Genuss, wie Jacob Burckhardt einmal sagt, „sondern die Abspannung oder Zerstreuung und so ist entweder das Formloseste oder das Bunteste willkommen." — Wer will, mag sich in modernen Salons Beispiele zu diesem Satz suchen. Sie bieten sich reichlich.

Die moderne Vorliebe für das Hochgebirge, für mächtigste Massen ohne Regel und Gesetz, ist wohl zum Teil auf ein ähnliches Verlangen zurückzuführen.

Gleicherweise aber begreift es sich auch, dass eine gesteigerte Verletzung des Gleichgewichts schwermütig wirken kann. Wir selbst empfinden ja die Qual von Zuständen des Hangens und Bangens, wo die Ruhe des Gleichgewichts nicht gefunden werden kann. Ich möchte bei dieser Gelegenheit an einen Stich *Dürers* erinnern Melencolia I. Da sehn wir ein Weib in dumpfem Sinnen, hinstarrend auf einen Steinblock. Was soll das? Der Steinblock ist unregelmässig, irrational, er lässt sich nicht fassen mit Zirkel und Zahlen. Aber mehr. Man sehe diesen Stein an, scheint er nicht zu fallen? Gewiss. Und je länger man hinsieht, desto mehr wird man hineingezogen in diese Ruhelosigkeit; ein Würfel mit seinem absoluten Gleichgewicht mag langweilig sein, doch ist er befriedigt und befriedigend, hier aber tritt uns entgegen die qualvolle Unruhe dessen, was nicht die feste Form erreichen kann.

Die Körperhaltung bedingt Blutzirkulation und Atem in ihrem Rhythmus. Und so führt uns die Betrachtung der Gleichgewichtszustände auf das, was man in der Architektur *Regelmässigkeit der Folge* oder Eurhythmie (Semper) genannt hat.

Ueber die Notwendigkeit des Regelmässigen für alles Lebendige haben wir schon gehandelt, ebenso über das Tempo, bei Gelegenheit der Proportionen.

Dass auch das *Unregelmässige* innerhalb der Schranken des schon Geformten bis zu gewissem Grad erlaubt ist, ergiebt die Analogie mit der Symmetrie und dem gemeinsamen Quell, der menschlichen atmenden Gestalt, die in ihrer Anlage symmetrisch, in ihren Funktionen regelmässig ist. Es gelten beiderseits die gleichen Bestimm-

ungen: das Normale, Streng-Regelmässige kann durch eine Lockerung des Gesetzes den Charakter des Fröhlich-Freien, weiter aber auch des Unbefriedigten, Ruhelosen gewinnen. An monumentalen Gebäuden verlangen wir das Gleichmass der Regel unbedingt, dagegen wird eine leichte Unregelmässigkeit das Heitere ländlicher Anlagen noch erhöhn, sie muss aber sehr leicht sein, denn wir haben die Regelmässigkeit gleich dem Takt in der Musik anzusehn, der zwar hie und da sich etwas dehnen lässt, im Ganzen aber doch als unverbrüchliches Grundgesetz gelten muss.

Von einem Rhythmus der Folge zu sprechen, scheint gewagt. Allein, weil wir nun doch einmal eine Folge unterschiedener Teile und damit die Elemente des Taktes vor uns haben, warum sollte da nicht durch stärkere Betonung je des 2. oder 3. Teiles ein Rhythmus entstehn? Beispiel: Michaelskirche zu Hildesheim, wo auf zwei Säulen jedesmal ein Pfeiler folgt. Immerhin ist diese Art der Rhythmisirung eine ungewöhnliche; denn von einem stärkern Glied verlangen wir auch eine grössere Leistung, was hier nicht Fall der ist. Es bleibt aber noch eine andre Möglichkeit, da wir ja mehrere verschiedengliedrige Folgen neben- und übereinander haben und die schwächern Glieder zwischen die stärkern sich einordnen müssen, wie leichte Begleitungsfiguren in der Musik dem langsamer fortschreitenden Hauptthema. In dem dadurch entstehenden Rhythmus ist in der That ein Moment von wesentlicher Bedeutung gegeben, das beim Eindruck des Ganzen eine nicht zu unterschätzende Rolle spielt.

Nehmen wir die griechische Tempelarchitektur:

Die Säulen sind unter sich alle gleich, die darüberliegenden Triglyphen sind es ebenfalls; ob aber 2 oder 3 Triglyphen auf eine Säule kommen, mit anderen Worten, ob der Raum zwischen je zwei Säulen in $^2/_2$ oder $^3/_3$ geteilt wird, das macht den Rhythmus aus. Der der Säule entsprechende Triglyphenschlitz wird nämlich unmittelbar als der stärker betonte erscheinen.

Die Wirkung in beiden Fällen ist eine durchaus verschiedene. Wo eine Triglyphe in den Schwerpunkt des Gebälkstücks fällt, also genau in die Mitte des Interkolumniums, da resultiert für uns der Eindruck strenger Gebundenheit, anderenfalls, wo dieser Punkt unbezeichnet bleibt, wirkt die freiere Ordnung leicht und fröhlich. Das ist nun allerdings noch keine genügende Erklärung. Man thut vielleicht gut, an die Bedeutung des $^4/_4$ und $^3/_4$ Takts für unsre Bewegung zu erinnern: Wir marschieren leichter im $^3/_4$ Takt. Der betonte Tritt fällt dann nicht immer demselben Fusse zu, sondern wechselt ab, der Gang wird leicht und schwebend.[1])

Ich verzichte darauf, weitere Fälle anzuführen: allgemein lässt sich sagen, dass der alten, strengen Kunst nur die Zweiteilung entspricht. Die griechisch-römische Architektur hat erst spät das Reizmittel — wenn ich so sagen darf — des $^3/_4$ Taktes angewendet. Ich finde es zuerst am Rundtempel zu Tivoli.

Die grösste Ungebundenheit zeigt sich dann darin, dass die Rhythmen verschiedener Reihen nicht mehr zusammenklingen. So bei vielen Gebäuden der Renaissance z. B. ~~Tempietto bei San Pietro in Montorio (Rom)~~ oder Vorhalle von S. Maria (Arezzo) u. s. w.

VI. Charakteristik der vertikalen Gliederung.

Wir haben die zunehmende Durchformung des Stoffes als das Prinzip des vertikalen Aufbaus erkannt.

Beim Menschen besteht diese Durchformung in der Bildung feinerer Organe, die sowohl am Körper sich freier bewegen können als auch selbst, in sich, mannigfaltiger gegliedert sind. Man vergleiche in dieser Hinsicht Beine und Arme.

Weiter ist es gleichsam eine Durchbrechung der ge-

---

[1]) Denkbar wäre aber auch, dass wir, das Moment der Folge aufgebend, zur Erklärung das beiziehen müssten, was wir oben über Zwei- und Dreiteilung gesagt haben. Es ist mir unmöglich, mich zu entscheiden, da mannigfache Beobachtungen und Versuche kein bestimmtes Resultat ergaben.

Am Colosseum: oben Pilaster, unten Halbsäulen. Eb[illegible]
die Höhen der Stockwerke. Darin liegt z.T. der [illegible]
leichten Wirkung.
Colosseum ist eine Schale! oben durchsicht[illegible] [illegible]
[illegible]

schlossenen Masse, die uns in den Augen z. B. entgegentritt.

Was entspricht dem in der Architektur? Sie gliedert ihren Stoff in gleicher Weise und durchbricht die Mauer mit Oeffnungen. Die Oeffnungen nehmen zu an Grösse, die Gliederungen werden feiner, die Organe selbständiger. Der Träger, der zuerst als Mauerpfeiler erschien, kann zur freien Säule werden mit eigenem Sockel. Doch will ich nicht auf einzelnes eingehn, es kommt mir nur auf das Prinzip an: auf die Entfaltung der vertikal wirkenden Formkraft.

Diese Kraft stellt sich uns dar als die gleiche in Säulen und Fenstern und Gesimsen. Ueberall der Zug nach oben, der der Schwere sich entgegenstemmt und in einer konoiden Form gewöhnlich seinen Abschluss sucht. Unten also haben wir alles massiv, ungegliedert, ungebrochen: es ist die Basis, der Sockel; die ganze Wucht des Schweren kommt hier zur Geltung. Ein Rustika-Erdgeschoss gestattet nur ganz kleine Fensteröffnungen und auch hier scheint die Gefahr nicht ausgeschlossen zu sein, dass die Masse sie verschlingt, indem sie sich wieder zusammenzieht. Das ist uns wohl verständlich, beleidigt unser Gefühl nicht. Fehlen dagegen die Oeffnungen oben, verharrt der Stoff in seiner ungegliederten Ganzheit, so erscheint uns das Wesen als blind, als befangen in dumpfem Dasein.[1])

Die Architektur nähert sich hier der menschlichen Organisation in sehr bedeutender Weise, so dass sich

[1]) Hr. Prof. v. Brunn macht mich auf ein scheinbar widersprechendes Beispiel aufmerksam: auf den Dogenpalast in Venedig, zugleich mit dem Bemerken, dass diese Ausnahme die Regel bestätige. Hier haben wir nämlich allerdings über den Hallen der untern Geschosse eine mächtige Obermauer mit nur wenig Fenstern, jedoch diese Obermauer ist schon gemustert d. h. mit Formelementen durchzogen und wirkt darum nicht schwer; weiterhin aber — und dies ist wohl noch bedeutsamer — wird sie nicht durch ein Kranzgesims abgeschlossen, sondern löst sich in ein spitzenartiges Ornament auf.

physiognomische Analogien mit grosser Entschiedenheit einstellen.

Wir sind gewohnt den freisten Ausdruck da zu finden, wo ein Teil dem mechanischen Druck enthoben ist: so spricht beim Tier der Schwanz am deutlichsten, beim Menschen der Kopf und in der Architektur, die ebenfalls eine Richtung nach oben hat und geradeaussieht (nicht zu Boden wie das Tier oder aufwärts wie die Pflanze), sind die ausdrucksvollsten Teile entsprechend auch die obern.

Hieher wendet sich unwillkürlich unser Blick. Hier liegt für uns die Charakteristik, die für das ganze übrige Gebäude bestimmend wird.

Unserer Phantasie genügt dabei der leiseste Anstoss, sie hält sich an ein einzelnes und verlangt durchaus keine Entsprechung im weitern. So wenig Aehnlichkeit daher auch ein Haus mit einer menschlichen Gestalt hat, wir finden doch in den Fenstern Organe, die unsern Augen ähnlich sind. Man sagt, sie „vergeistigen" den Bau. Und ihnen kommt daher der ganze Ausdruckswert zu, der in der Stellung des Auges zu seiner Umgebung liegt. Der Teil über den Fenstern wird uns zur Stirn. Heiterkeit verlangt eine glatte Stirn. Rustika-Behandlung wirkt sehr düster an dieser Stelle, namentlich wenn der Raum nicht hoch ist. So können wir uns beim Finanzministerium in München des Eindrucks nicht erwehren, dass es die Stirne runzle, ein Palazzo Strozzi dagegen wirkt durch seine höhere Obermauer trotz Rustika nicht unmutig, sondern nur ernst-bedeutsam. Scheinen die Fenster unmittelbar beschattet von einem vorstehenden Kranzgesims, so gewinnen wir den Eindruck, als wären die Brauen zusammengezogen und den Augen als schützendes Ueberdach gleichsam vorgeschoben.

Es wäre eine nicht undankbare Aufgabe die physiognomischen Möglichkeiten, die die Architektur verkörpern kann, zusammenzustellen. Bei all dem kommt es natürlich nur auf das P r i n z i p an, es liegt durchaus nicht die Absicht

vor, menschliche Gesichtszüge nachzuahmen. Vielleicht verliert auch die Idee einer architektonischen Physiognomik einigermassen ihr befremdendes, wenn man bedenkt, dass die menschlichen Ausdrucksbewegungen in den Gesichtsmuskeln denen des ganzen Körpers immer ähnlich sind; so ziehen wir mit den Augenbrauen gleichzeitig die Schultern in die Höhe, mit vertikaler Stirnfaltung verbindet sich Steifung des ganzen Körpers, wer die Brauen über die Augen verschiebt, senkt auch den Kopf gegen die Brust vor. Daraus erklärt sich die Bedeutung des Prinzips auch in aussermenschlicher Verwendung wohl hinlänglich.

So viel in Kürze über den Gegenstand, der im folgenden Abschnitt noch deutlicher werden wird.

Bevor wir aber übergehn zum Ornament, muss noch auf ein Moment in der Charakteristik der Vertikalkraft hingewiesen werden.

Form ist That. Jedes Fenster muss in jedem Augenblick gegen den Druck der Materie sich behaupten.

Verschiedene Zeiten haben dies Verhältnis verschieden aufgefasst.

Der Rundbogen ist anerkanntermassen fröhlicher als der Spitzbogen: jener lebt sich ruhig aus — gesättigte Rundung; dieser ist in jeder Linie Wille, Anstrengung, nie ruhend scheint er die Mauer immer noch höher hinauf spalten zu wollen.

Mit dem Bestreben, in jeder Form den Ausdruck konzentrierten Wollens zu geben, verbindet sich bei der Gothik eine Abneigung gegen allen Stoff, der stumpf und breit da liegt. Alles Träge, Haltlose ist ihr unleidlich; was sie mit ihrem Willen nicht durch und durchdringen kann, muss verschwinden. So kommt es zu einer gänzlichen Auflösung aller Masse, die Horizontale weicht und im unaufhaltsamen Emporfahren befriedigt sich der Drang, befreit von aller Schwere, hochhinauf die Luft zu durchschneiden.

Den ganzen Bau in funktionierende Glieder auflösen,

heisst: jeden Muskel seines Körpers fühlen wollen. Das ist der eigentliche Sinn der Gotik. Ich komme später nochmals darauf zurück. Wo immer dieser Drang in der Geschichte sich findet, ist er ein Symptom hoher Aufregung.

Die heitere Ruhe des klassischen Zeitalters kennt nichts dergleichen. In der griechischen Architektur ist dem Stoff ein weiter Spielraum gelassen, das Gebälk lastet mit bedeutender Schwere und in der geringen Höhe des Giebels zeigt sich der nur mässige Ueberschuss der Vertikalkraft. Der Grieche suchte nicht das Stoffliche abzustreifen, er freut sich der Kraft, die ihren Widerstand findet, ohne darin eine Beeinträchtigung zu sehen und ein unbehindertes zweckloses Aufstreben zu verlangen.

Für den modernen Geist ist es bezeichnend, dass er gerne in der Architektur die Form sich mühsam aus dem Stoff herausarbeiten lässt, er will nicht das Fertige, sondern das Werdende sehen, den allmäligen Sieg der Form.

Die Rustika der Renaissance hat diesen Gedanken deutlich zum Ausdruck gebracht. Weiterhin wurde vom Barockstil das Motiv bis zu dem Extrem verfolgt, dass die Form aus dem rohen Felsgestein sich herauswinden muss.

Die Antike stellte das Vollkommene gleich rein und ganz hin, als könnte es nicht anders sein.

Auf theoretischem Gebiet könnte man als Beispiel zu diesem tiefgehenden Unterschied zwischen antiker und moderner Anschauung gegenüberstellen: Lessing mit seinem bekannten Wort: „Lass mich irren, nur lass mich forschen" und Aristoteles (Nic. Eth. 1177 a 26): εὔλογον δὲ τοῖς εἰδόσι τῶν ζητούντων ἡδίω τὴν διαγωγὴν εἶναι.

VII. Das Ornament.

Nur mit Mühe hat bisher die Erörterung des Ornaments zurückgeschoben werden können. Es trägt zur Charakteristik der horizontalen, noch mehr aber der vertikalen Entwickelung ausserordentlich viel bei. Doch schien

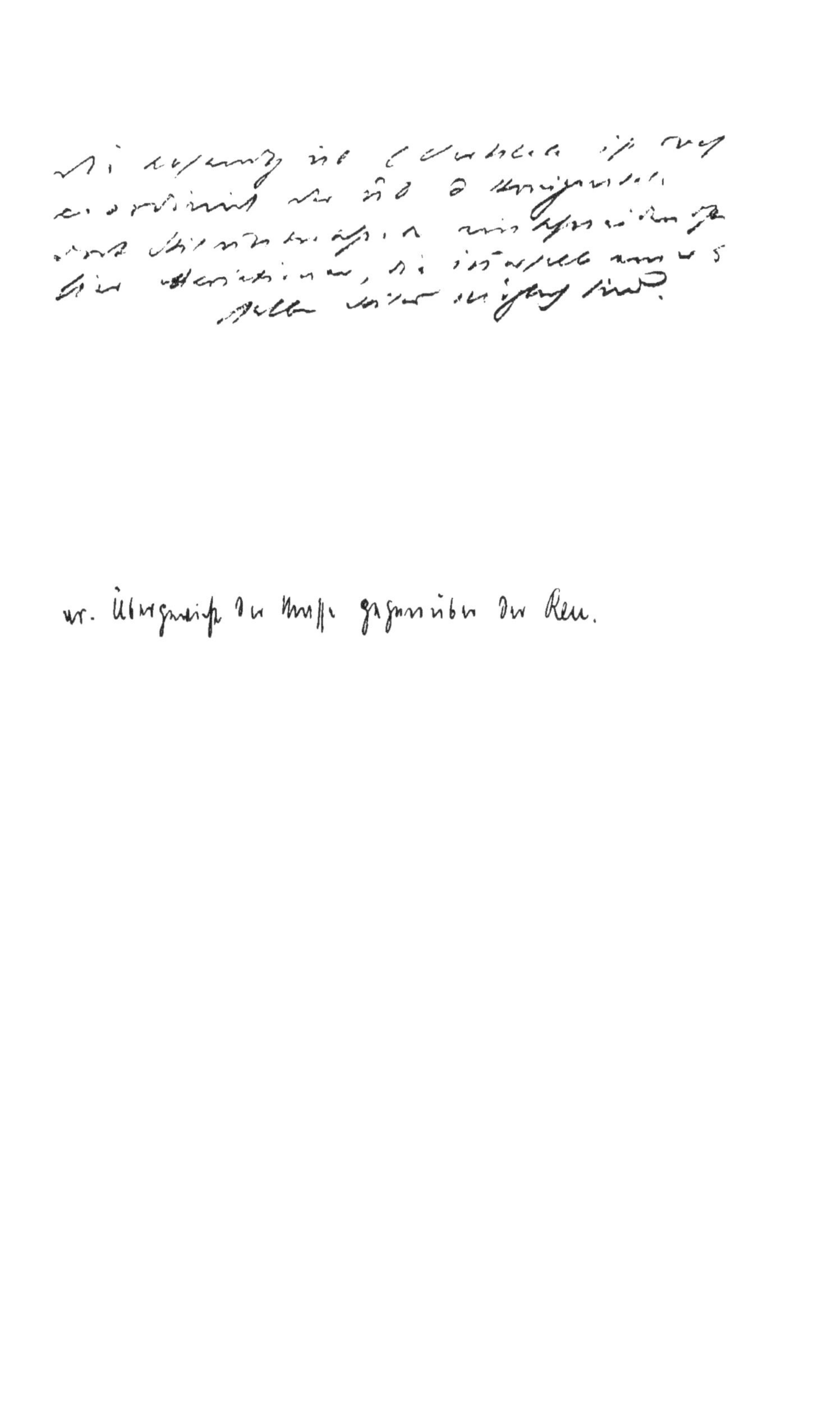

[illegible]

vr. Übergreifen der Masse gegenüber der Reu.

Die Kunst [illegible] [illegible] [illegible] Ephes. Artemistempel ([illegible]
[illegible]) [illegible] [illegible] [illegible] ([illegible]) [illegible] [illegible]

mir eine zusammenhängende Behandlung des Themas vorzuziehen.

Was ist das Ornament? Die Lösung der Frage ist dadurch vielfach getrübt worden, dass man, wie Bötticher in seiner Tektonik der Hellenen, nach der kanonischen Bedeutung jedes Teiles fragte, ein geschlossenes System aufsuchen zu müssen glaubte oder aber mit der Frage nach der historischen Entstehung einer Form sich abquälte.

Ich bin in einer glücklicheren Lage, indem ich nur das eine wissen will: Wie wirkt das Ornament?

Wagner (Handbuch der Arch. IV. 1, 31 ff.) unterscheidet in üblicher Weise dekoratives und konstruktives Ornament, weiss aber von dem dekorativen nichts mehr zu sagen, als dass es „in sinniger Weise tote Flächen und starre Gliederungen beleben solle," während er dem konstruktiven die Aufgabe gibt, „die durch den Stil bedingte Kunstform des Strukturteils zu heben und zu schmücken."

Mit dieser Erklärung ist nicht viel zu machen.

Schon die Unterscheidung von dekorativ und konstruktiv ist von zweifelhaftem Wert. Man stösst bei der Anwendung sofort auf Bedenken und findet, dass die Grenze eine fliessende sei. Jedenfalls empfiehlt es sich nicht davon auszugehen und so nehme ich das Ornament als ganzes und stelle den Satz auf, den ich nachher erproben will: Das Ornament ist Ausdruck überschüssiger Formkraft. Die schwere Masse treibt keine Blüten.

Versuchen wir den Wert dieser Erklärung zuerst an einem dorischen Tempel.

Die ganze untere Hälfte, vom Kapitell abwärts zeigt keine dekorativen Formen: weder Tempelstufen noch Säulenstamm würden eine Verzierung ertragen: dort haben wir die rohe Masse, schwer daliegend, kaum der einfachsten Form gewonnen, hier im Säulenstamm erwarten wir Anstrengung, konzentrierte Kraft, was die Kanellüren deutlich zum Ausdruck bringen; eine skulpirte Säule hätte den Charakter des Sich-Zusammennehmens vollständig verloren. Vom Kapitell wollen wir nachher reden. Was kommt über den Säulen? Das Gebälk, die zu tragende Last, eine mächtige Horizontale. Wäre die Last grösser, so müssten die Säulen in der Mitte ausweichen, die Horizontale würde dominieren. Aber umgekehrt: die Vertikalkraft ist mächtiger, sie durchdringt die Schwere, erst nur leise, der Architrav verbleibt noch in ungebrochener Ganzheit und nur in den Schilden über den Säulen manifestirt sich die Wirkung des Stosses; dann nach Ueberwältigung dieses ersten Widerstandes wird die Last leichter, die Kraft bricht durch: es erscheinen in den Triglyphen vertikale Glieder, die das Kanellürenmotiv der Säulen wieder aufnehmen und in den zwischengestellten Metopen bekundet sich schon ein tektonisch-unabhängiges Leben: es ist Raum geschaffen zur Entfaltung feinster Gebilde und wenn endlich die Mutuli die ganze Breite des Gebälks ausfüllen, so macht dies den Eindruck, als klinge hier der Säulenstoss sanft aus, nachdem er sich über das ganze Gebälk ausgedehnt. Es folgt die höchste That: die Schwere ist überwunden, der Ueberschuss der strebenden Kraft erscheint in der Hebung[1]) des Giebels und feiert den höchsten Triumph in den plastischen Figuren, die, dem Druck enthoben, hier frei sich entfalten können.[2])

---

[1]) Vischer fragt einmal, ob der Giebel steige oder sich niedersenke. Beides. Er wird in der Mitte gehoben; Ausdruck dessen: Der Firstziegel; und die Seitenlinien fliessen abwärts, denn in den (seitwärts blickenden) Akroterien beugt die hier sich entwickelnde Kraft sich zurück. (Je steiler der Giebel, desto bedeutender müssen diese Akroterien sein.) Die Gothik dagegen zeigt in den Krabben eine überschüssige Vertikalkraft.

[2]) Es liesse sich vielleicht auch eine Correspondenz zwischen den Giebelfiguren und der Ordnung der Triglyphen konstatiren. Ich habe das nicht untersucht. Nur bemerke ich z. B. beim Tempel der Aegineten eine solche Entsprechung: 11 Triglyphen — 11 Figuren. — Ueber den frappanten Zusammenhang zwischen Architektur und Composition der „pergamenischen Gigantomachie" vgl. Brunn in seinem Aufsatz pag. 50. Berlin 1885.

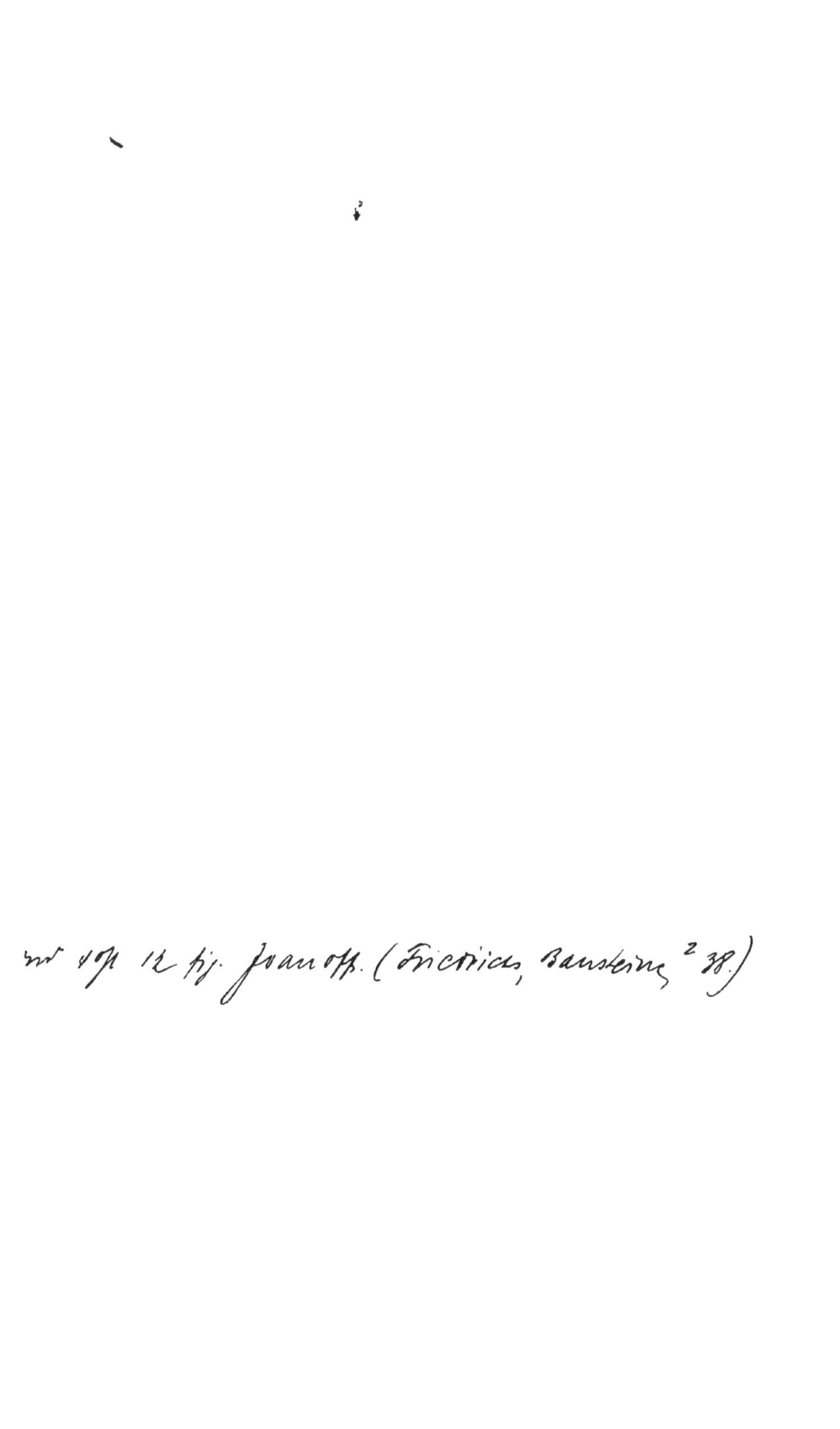

[illegible] 12 [illegible] (Friedrichs, Bausteine^2 38.)

Olympia. Rein dor. Capitell mit Bemalung gefunden.
(ähnliche bei Borrmann s. v. Polychromie bei Baum.
Nur die sollten am urspr. Kapitell [drawing] blätter.
getrennt [illegible] sein?
Vgl. auch Pinakothek, jon. Kapitell etc.

Nun aber, wenn man das auch zugibt, so wird man im Kapitell einen Widerspruch finden, indem man sagen kann, dort erscheine nicht ein Ueberschuss von Kraft, sondern im Gegenteil eine Pressung der Säule. Das ist aber unrichtig. Und wenn Bötticher in dem aufgemalten Blätterkranz, der von dem Druck niedergebeugt scheine, den Gedanken rein dargestellt findet, so darf ich wohl demgegenüber das Recht des unmittelbaren Eindrucks geltend machen. Hier weisen die Blätter keineswegs auf Pressung, sie blühen ganz ruhig aus dem Echinus heraus. Was wäre das auch für eine Leistung, wenn das Gewicht des ganzen Gebälkes ein paar Blätter hätte umbeugen können. Das Motiv ist lächerlich klein. Kurz, mir scheint, die Blätter haben nichts zu thun bei dem Konflikt jener gewaltigen Massen, sondern sind möglich allein deswegen, weil eben die Belastung das freie Leben der Säule nicht tötet.

Es ist wichtig, sich klar zu machen, dass eine Pressung niemals ästhetisch wirksam sein kann. Selbstbestimmung ist das erste Gebot. Jede Form muss zureichender Grund von sich selbst sein. Und so ist es auch hier der Fall. Die Säule breitet sich oben aus, weil es zweckmässig ist, die Last breit zu fassen, nicht weil sie gequetscht wird;[1]) sie behält immer noch Kraft genug, sich (unmittelbar unter dem Abacus) wieder zusammen zu ziehen. Und eben in dem Mass, wie weit sie in der Ausbreitung geht, liegt die Garantie ihrer Selbstbestimmung. Sie geht so weit als der Abacus reicht. Der Abacus aber ist — und nun staune man das architektonische Feingefühl der Griechen an — dieser Abacus ist das proportionale Abbild des ganzen Gebälks. D. h. die Säule weiss genau, was sie zu tragen hat und handelt demgemäs.

In der jonischen Architektur macht sich, wie wir schon bemerkten, ein Streben nach freierer Beweglichkeit geltend. Man will auch nicht mehr so schwer tragen.

---

[1]) Ein elastisches Nachgeben ist damit natürlich nicht geläugnet.

Die Säule wird entlastet und der leichtere Eindruck dadurch hauptsächlich erzielt, dass man sie sich in den Voluten einer überschüssigen Kraft entledigen liess (was bei der dorischen Säule ohne Bemalung nicht der Fall ist). Bei vergleichender Beurteilung von dorischen und jonischen Säulen hatte ich oft Gelegenheit zu hören: die jonische halte den Kopf frei aufrecht, die dorische habe ihn gesenkt. Die Alten scheinen selbst diesen Eindruck gehabt zu haben, wenn man wenigstens die Telamonen von Akragas und die Karyatiden des Erechtheion als dorisch und jonisch bezeichnen darf. Ich glaube man ist dazu berechtigt. Ja, es ist mir vorgekommen, dass von einer Person die weder Telamonen noch Karyatiden gesehen hatte, die dorische Säule mit ihrem Echinus durch ganz ähnliches Ausbreiten der Ellbogen und Senken des Kopfes charakterisiert wurde und ebenso die Voluten der jonischen Säulen als herabfallende Haare einer voll aufgerichteten Gestalt bezeichnet wurden.

Man kann das Verhältnis der zwei Stile durch ein treffliches Wort Goethes illustrieren (aus dem Aufsatz über Baukunst von 1788): „Es ist in der menschlichen Natur, immer weiter, ja über ihr Ziel fortzuschreiten und so ist es auch natürlich, dass in dem Verhältnis der Säulendicke zur Höhe das Auge immer das Schlankere suchte und der Geist mehr Hoheit und Freiheit dadurch zu empfinden glaubte."

Mehr Hoheit und Freiheit! Das ist der Draug, der auch aus dem romanischen Stil zu den gothischen Formen überführte. Ich kann in diesen Prolegomenis, die ja immer nur andeutend sich verhalten sollen, nicht auf eine Analyse dieser Dekorationen eingehen. Bei gegebenem Prinzip macht das aber keine Schwierigkeiten. Man wird leicht erkennen, dass das ganze Feuerwerk gothischer Ornamentik nur möglich ist durch den enormen Ueberschuss der Formkraft über den Stoff. Ornament ist das Ausblühen einer Kraft, die nichts mehr zu leisten hat. Es ist ein sehr richtiges Gefühl gewesen, das Kapitell umzuwandeln in

C. Vitruv's Bildung

Wolters glaubt daran.

cf. J. B., Ren. 123. Die Obelisken, Candelaber, Rotunden u. s. w. welche schon d. Mitte der Fassade krönen u. schließen eine überschüssige Kraft derselben in d. Luft ausklingen einen leicht umkränzenden Blätterschmuck, denn der gotische Pfeiler saust nach oben ohne irgendwo seine Kraft zu zersplittern. Ebenso richtig empfunden war es später aber auch in der italienischen Renaissance, dass die Säule, die einen Bogen trägt, diesen nicht unmittelbar über ihrem Kapitell darf ansetzen lassen, sondern ein Gebälkstück zwischen hineintreten muss, an dem sich die Säule brechen kann, wie ein Wasserstrahl an einem Widerstand sich bricht. Es beweist die tiefe architektonische Einsicht Brunellescos, dass er diese Notwendigkeit erkannte, es beweist aber auch, dass unsere These nicht aus der Luft gegriffen ist, sondern an den entscheidenden Punkten sich bewährt.

Ich darf darum hoffen, man verlange hier keine weiteren Analysen und so beschliesse ich diesen Abschnitt[1]) mit einer historischen Betrachtung.

Reife Kulturen verlangen stets einen grossen Ueberschuss der Formkraft über den Stoff. Die ruhige Wirkung geschlossener Mauermassen wird unerträglich. Man verlangt Bewegung, Aufregung, wie wir schon zu bemerken Gelegenheit hatten. In Bezug auf Dekoration resultiert eine Kunst, die dem nachfühlenden Sinne nirgends mehr stille Flächen gewährt, sondern von jedem Muskel ein zuckendes Leben verlangt. So in der Gothik, im Arabischen und — unter ganz anderen architektonischen Bedingungen — die gleichen Symptome auch im alternden Rom. Man „belebt" alle Flächen mit Nischen, Wandsäulen etc., nur

---

[1]) Eine sekundäre Quelle der Ornamentik besitzt die Architektur in dem „angehängten" Schmuck d. h. in Ring und Behang, Band u. dgl. Dieser ist nicht eigentlich architektonisch zu nennen, denn er ist eine Uebertragung der Art, wie man die fertige menschliche Gestalt ziert. Er wirkt auch in ganz gleicher Weise wie hier, nämlich vermittelst Tastempfindungen. Ringumschlossne Säulen z. B. erregen dieselben Gefühle wie ein Arm, dessen fleischige Teile ein Band umfasst. Nach der meisterhaften Entwicklung der Prinzipien des Schmucks, die Lotze im Microcosmos gegeben hat (II[3] 203 ff.), brauche ich hierüber nichts weiter zu sagen.

um der Aufregung Ausdruck zu geben, die den eigenen Körper durchwühlt und an ruhigem Dasein kein Genüge mehr finden lässt.

VIII. Prinzipien der historischen Beurteilung.

Wir haben bisher den Menschen nach seinen allgemeinen Verhältnissen als massgebend für die Architektur erkannt; es darf dies Prinzip noch weiter ausgedehnt werden: ein architektonischer Stil gibt die Haltung und Bewegung der Menschen seiner Zeit wieder. Im Kostüm kommt zuerst die Art zum Ausdruck, wie man sich halten und bewegen will und es ist nicht schwer zu zeigen, dass die Architektur mit dem Zeitkostüm übereinstimmt. Ich möchte auf dieses Prinzip der historischen Charakteristik um so energischer hinweisen, je weniger ich hier im stande bin, den Gedanken eingehend zu verwerten.

Als Beispiel diene der gothische Stil.

Lübke erkennt in ihm den Ausdruck des Spiritualismus. Semper nennt ihn die lapidare Scholastik. Nach welchen Prinzipien hat man geurteilt? Das tertium comparationis ist nicht eben deutlich, wenn auch jede Bezeichnung etwas richtiges treffen mag. Einen festen Punkt gewinnen wir erst durch Reduktion dieser psychischen Dinge auf die menschliche Gestalt.

Der Drang nach dem Präzisen, Scharfen, Willensbewussten ist die geistige Thatsache, die vorliegt. Die Scholastik zeigt sehr klar diese Abneigung gegen alles Unbestimmte, die Begriffe werden zu höchster Präzision ausgearbeitet.

Körperlich stellt sich dies Streben dar als exakteste Bewegung, Zuspitzung aller Formen, kein Gehenlassen, nichts Schwammiges, überall bestimmtester Ausdruck eines Willens.

Scholastik und Spiritualismus können der Gothik als Ausdruck nur zugeschrieben werden, wenn man dies Mittelglied im Auge behält, wo ein Psychisches sich unmittelbar in körperliche Form umsetzt. Der spitzfindige

: die Gotik mit Unrecht, weil d. Mystik' gemeint Abneigung der Mystiker gegen die Architektur Woltm. (Holbein).– Woltmann, Mal. I. 401.

Feinsinn der scholastischen Jahrhunderte und der Spiritualismus, der keinen dem Willen entzogenen Stoff duldet, können allein durch ihren körperlichen Ausdruck für die architektonische Formgebung bedeutsam geworden sein.

Hier finden wir die gothischen Formen im Prinzip gegeben: Der Nasenrücken wird feiner, die Stirn legt sich in senkrechte, harte Falten, der ganze Körper steift sich, nimmt sich zusammen, alle ruhige Breite schwindet. Es ist bekannt, dass viele Leute (namentlich Dozenten) zum scharfen Denken eines scharfkantigen Bleistifts benötigen, den sie zwischen den Fingern hin und her drehen und an diesen Tastgefühlen ihr Denken stärken. Ein runder Bleistift würde diese Stelle nicht versehen können. Was will das Runde? Man weiss es nicht. Und so auch der romanische Rundbogen, er lässt keinen bestimmten Willen erkennen. Er steigt wohl empor, aber erst im Spitzbogen findet dies Streben einen deutlichen Ausdruck.

Der menschliche Fuss hat eine Richtung nach vorn, aber tritt das in der stumpfen Linie, in der er aufhört, hervor? Nein. Es war der Gothik unleidlich, hier nicht den exakten Ausdruck eines Willens zu finden und so liess sie den Schuh in spitzem Schnabel auslaufen. (Die Schnabelschuhe erscheinen im XII. Jahrh., vgl. Weiss, Kostümkunde IV. 8.)

Die Breite der Sohle ist eine Folge der Schwere des Körpers. Aber der Körper hat kein Recht, er ist Stoff und dem dummen Stoff darf nicht nachgegeben werden, der Wille muss jeden Teil durchdringen können.

Darum löst die Architektur die Mauer auf in vertikale Glieder und die menschliche Sohle bekommt einen Schuh mit drei hohen Absätzen, wodurch das Gefühl breiten Auftretens beseitigt ist.

Ich will nicht verfolgen, wie in den spitzen Hüten das Prinzip des Giebels sich zeigt, wie die Bewegungen alle so steif, zierlich oder auch so schneidig und präzis sind, wie schliesslich (woran ich schon erinnert habe) die Körper selbst gestreckt und überschlank erscheinen [1]) — ich bin zufrieden, wenn verständlich geworden ist, was ich meine.

Man durchwandert mit Erstaunen die Geschichte und beobachtet, wie die Architektur überall das Ideal des Menschen in Körpergestalt und Körperbewegung nachgebildet, wie selbst grosse Maler für ihre Menschen eine entsprechende Architektur geschaffen haben. Oder pulst etwa in den Bauformen eines Rubens nicht das gleiche Leben, das seine Körper durchströmt!

Ich schliesse ab. Eine vollständige Psychologie der Architektur zu geben, war nicht meine Absicht, rein aber und ganz wünschte ich, dass der Gedanke zur Erscheinung käme: es werde ein organisches Verständnis der Formengeschichte erst dann ermöglicht sein, wenn man weiss, mit welchen Fasern der menschlichen Natur die Formphantasie zusammenhängt.

Der Historiker, der einen Stil zu beurteilen hat, besitzt kein Organon zur Charakteristik, sondern ist nur auf ein instinktives Ahnen angewiesen.

Das Ideal, „exakt zu arbeiten," schwebt auch den historischen Disziplinen vor. Die Kunstgeschichte sucht darum vor allem die verderbliche Berührung mit der Aesthetik zu vermeiden und mancherorts bestrebt man sich, nur noch zu sagen, was nacheinander gewesen sei und kein Wort mehr. So wenig ich geneigt bin, das Gute dieser Tendenz zu verkennen, so muss ich doch glauben, die höchste Stufe der Wissenschaft sei damit nicht erreicht. Eine Geschichte, die nur immer konstatieren will, was nacheinander gekommen ist, kann nicht bestehen; sie würde sich namentlich täuschen, wenn sie glaubte, dadurch „exakt" geworden zu sein. Man kann erst da exakt arbeiten, wo es möglich ist, den Strom der Erscheinungen in festen Formen aufzufangen. Diese festen Formen liefert der Physik z. B. die Mechanik. Die

---

[1]) Man darf freilich nicht vergessen, dass Gemälde und noch mehr Skulpturen keine sichere historische Quelle hiefür sind.

zum leblosen Schema, behauptet sich nur noch durch Tradition. Die einzelnen Formen werden unverstanden fortgebraucht, falsch verwendet und so gänzlich abgetötet.

Den Pulsschlag der Zeit muss man anderswo belauschen: in den kleinen dekorativen Künsten, in den Linien der Dekoration, den Schriftzeichen [1]) u. s. f.

Hier befriedigt sich das Formengefühl in reinster Weise und hier muss auch die Geburtsstätte eines neuen Stils gesucht werden.

Es ist diese Thatsache von grosser Wichtigkeit, um den materialistischen Unfug zu bekämpfen, der die architektonische Formgeschichte aus dem blossen Zwang des Materials, des Klimas, der Zwecke glaubt erklären zu müssen. Ich bin weit entfernt, die Bedeutung dieser Faktoren zu verkennen, muss aber doch daran festhalten, dass die eigentliche Formphantasie eines Volkes dadurch nicht in andere Bahnen gelenkt wird. Was ein Volk zu sagen hat, spricht es aus in jedem Fall und wenn wir seine Formensprache da beobachten, wo es zwanglos spricht und wir finden nachher in der grossen Kunst, in der Architektur, dieselben Formen wieder, dieselben Linien, dieselben Proportionen, so darf man von jener mechanischen Betrachtung wohl verlangen, dass sie verstumme.

Und damit hat der gefährlichste Gegner einer Kunstpsychologie das Feld geräumt.

---

[1]) Seitdem wir die gegossenen Lettern unserer Druckschrift haben, ist freilich auch hier leichte Beweglichkeit verschwunden. Man hat sich heutzutage daran gewöhnt (in der üblichen Schrift) gothischen Minuskeln barocke Majuskeln vorzusetzen. Vgl. Bechstein, Die deutsche Druckschrift. 1885.

www.ingramcontent.com/pod-product-compliance
Lightning Source LLC
Chambersburg PA
CBHW032355280326
41935CB00008B/588
9783742870247